Anton Kimpfler

Schicksalsprobleme bewältigen

Anton Kimpfler

Schicksalsprobleme

bewältigen

Stärker als
Menschen und Götter

Umschlagmotiv: Renate Brutschin

Umschlagsgestaltung:
Christina Burger, burger print & medien

ISBN 978-3-934104-31-0
©Amthor Verlag, Heidenheim 2007

Printed in Germany

INHALT

UNIVERSELLE VERBUNDENHEIT

Karma ist die Art und Weise, wie alles in der Welt zusammenhängt. Letztlich sind schicksalhafte Bezüge das Tiefste, was existiert. Bestimmte Lebensformen erscheinen so und nicht anders, weil vielfältige Weltgebiete darauf ihre Wirksamkeiten ausüben.

Auf dem »Umweg« über das Schicksal sind naheste und fernste Angelegenheiten eng verbunden. Das hat ganz eigene Gesetzmäßigkeiten, die tiefer wirken wie jeglicher Naturprozess. Insofern ist die karmische Relation am allerbedeutendsten.

Aus dem Griechentum wird als Aussage überliefert: Das Schicksal ist stärker als Götter und Menschen. Nicht nur wir unterliegen also den entsprechenden Kräften, sondern auch höhere Wesenheiten.

In der modernen Zeit hat dies aber Folgen wie noch nie zuvor, weil der Mensch nun aktiver mitbeteiligt sein kann im gesamten Weltengefüge und vieles durcheinanderzubringen vermag, auch bis ins Naturgeschehen hinein.

Doch alles fällt wieder auf ihn zurück, so dass göttliche Wesen nicht mehr zu helfen vermögen, wenn er uneinsichtig bleibt. Seinem Karma kann niemand entrinnen. Das holt jeden wieder ein.

Fast erschlagen können wir uns manchmal fühlen von den gravierenden Folgen. Wenn nur auf die genannte griechische Einsicht geblickt wird, so erscheint das eher ablähmend.

Deshalb ist in Anlehnung an Johann Wolfgang Goethe und die Blüte des mitteleuropäischen Geisteslebens als Aussage anzufügen: Stärker als das Schicksal kann derjenige Mensch sein, der sich selber überwindet.

Das bezieht sich auf Individuen, welche von ihrem Karma belehrt wurden. Aus freiem Entschluss sind sie zu Schritten veranlasst, wie dies die Welt noch nicht gesehen hat.

Erst mit beiden Aussagen zusammen lässt sich leben sowie eine Balance finden zwischen Lebensernst und Schicksalsmut. Wenn wir nur die Stärke des Karma spüren, ohne auf die andere Waagschale eigene menschliche Überwindungskräfte zu stellen, wäre das nicht auszuhalten.

Weder fatalistisches Hinnehmen ist passend noch ein bloßes Ignorieren. Einsichtsvolles Umgehen mit dem Schicksal und sinnvolles Ausgleichen soll geschehen. Dann haben wir das Höchste zur Seite – sofern wir auch unseren unverzichtbaren Part dazufügen.

Die Schicksalsbezüge sind der größte Verfasser. Das gesamte Weltwerden dichtet daran mit, so dass alles bis in die Einzelheiten hinein stimmt. Und wir Menschen können zunehmend als Mitschreiber gelten.

Mal ist das Leben eher wie eine interessante Erzählung. Dies kann sich auch zu einem spannenden Drama steigern, mit komischen und tragischeren Phasen. Mitunter ähnelt es einem schönen Gedicht.

Wir sind jedenfalls kein unbeschriebenes Blatt! Im Gegenteil haben manche Menschen schon zuviel auf ihrer inneren Schicksalstafel und müssen wieder von einigen gravierenden Einträgen loskommen, damit sie unbeschwerter und zukunftsorientierter leben können.

Zum Glück ist nicht gleich alles sichtbar und bewusst. Direkt wäre vieles kaum zu ertragen. Deshalb steckt nicht weniges, auch sehr Unangenehmes, in einer kniffligen Verpackung, die sich nur bei allmählichem Weiterschreiten öffnet.

Dann sollten wir die verfügbaren Zeiten des eigenen Entwickelns und eines Begegnens nutzen, um uns darauf vorzubereiten. Sonst mag zu sehr erschrecken, was sich hinter manch schöner Umhüllung an äußerst Schwierigem verbergen kann.

Geahnt wird solches immer früher und erst recht schief gedeutet – wobei häufig Problematisches auf Mitmenschen projiziert ist. Es gibt aber auch Individuen, die sich da selbst intensiv hineingraben und meinen, mit allen Schlechtigkeiten der Welt beladen zu sein.

Darum sollten wir nicht zögern, uns früh genug – doch ohne subjektive Spintisiererei – an Karmafragen heranzuwagen. Die rechtzeitige freie Erkenntnisarbeit schützt sowohl vor allzu horriblem Überraschtwerden als auch zu leichtfertigen Distanzierungen.

Umfassender angeschaut ist das Unangenehme stets nur eine Zwischenstrecke, ähnlich wie wenn wir einen imponierenden Gipfel in der Ferne erblicken. Nachdem losmarschiert wurde, muss vielerlei Gestrüpp bewältigt oder manche Untiefe überwunden sein. Nur dann kann das Vorausgeschaute auch eine Realisierung erfahren.

So ist es oft in unserem Leben und erst recht mit tieferen Schicksalserlebnissen: Zunächst sind hohe Erwartungen da, was aus einem angefangenen Bestreben werden könnte. Bald folgen mit ziemlicher Sicherheit prüfungsreiche Situationen zwischen den beteiligten Menschen nach, was auf unaufgearbeitetes Karma aus früheren Verkörperungen weist.

Dem muss standgehalten werden. Doch kann daran auch ein nötiges Seelenverwandeln einsetzen. Das gelingt mit Sicherheit nur, wenn die beteiligten Menschen ehrlich mit sich selber ringen.

Sonst können heftige Zerwürfnisse und schlimme Rückschläge auftreten. Einiges scheitert oder vermag erst später wieder aufgegriffen zu werden, falls wir der karmischen Prüfung zuwenig gewachsen sind.

Jedenfalls lässt sich an solchen heftigeren Ereignissen im Miteinander am konkretesten spüren, wie einschneidend schicksalhafte Auswirkungen sein können. Der Anlass einer zwischenmenschlichen Differenz mag oft gering erscheinen. Die Intensität des Reagierens jedoch ist häufig unvergleichlich heftiger.

Kleine Ursachen, gewichtige Konsequenzen: Durch solch eine Verkettung spricht sich am deutlichsten ein Schicksalszusammenhang aus. Meist ahnen wir gar nicht, wie lebensentscheidend etwas werden kann, was als unscheinbare Begegnung anfing.

Sich anbahnenden karmischen Konstellationen gegenüber sind wir zu Beginn meist sehr blind – und dies ist gut. Denn wäre schon alles gewusst worden, was das an aufreibenderen Zwischenphasen beinhalten kann, hätten wir es eher abgelehnt. Zunehmend spüren allerdings viele Individuen etwas und schrecken deshalb leicht zurück vor einem Einlassen auf irgendwelche verantwortlicheren Gemeinsamkeiten.

Aus diesem Grund ist es immer wichtiger, dass sich bejahendes Anerkennen anschließt, um nicht gleich wieder aus irgendwelchen Komplikationen wegzulaufen. Desto energischer gilt es sich klarzumachen, wie gerade dann eine Schicksalssprache zum Ausdruck gelangt, wenn die eigene Gleichgültigkeit aufgerüttelt oder vorübergehend sogar völlig durcheinandergebracht wird.

Es kann von einer Nachtseite des Bewusstseins die Rede sein, aus der heraus Schicksalsimpulse auftauchen oder äußerlich angezogen sind. Daraufhin ist eine gesteigerte Erkenntnisanstrengung nötig, um besser einzuschätzen, was aus einer weisheitsvollen Verborgenheit auftaucht.

Einer zusätzlichen Aufhellung bedarf unser Tagesbewusstsein, damit wir imstande sind, ein passendes Verhältnis zu schicksalhaften Ereignissen aufzubauen. Aus einem vermeintlichen Dunkel des Lebens treten diese hervor und sind doch voll tiefster Weisheit.

Unbedingter Respekt wäre ihnen gegenüber angesagt, obwohl wir nicht immer leicht damit zurechtfinden. Zum Beispiel ist es häufig so, dass nach intensiveren Anlässen, wo karmische Wirksamkeiten hereinspielen, wir uns noch stundenlang im Schlaf wälzen, weil alles unruhiger erscheint.

Der Nachtbereich kann nach Begegnungen, die karmische Elemente beinhalten, viel aufgewühlter sein, auch verbunden mit Träumen über Personen, die wir zuvor getroffen haben. Insbesondere wenn ein neuerliches Kennenlernen geschah und eine innere Lebhaftigkeit nachfolgt, zeigt dies ganz klar, dass sich etwas Schicksalhaftes geregt hat.

Auch Gegenteiliges ist möglich oder kann sich anschließen, nämlich dass wir uns wie erstarrt fühlen. Die Seele erfährt eine Lähmung und verliert zeitweilig ihre spontane Reaktionsfähigkeit. So stark mag diese von dem berührt sein, was als karmisches Echo beschrieben werden kann, dass sie sich davon förmlich überwältigt erlebt.

Sowohl das innere Erbeben als auch eine Starrewirkung sollten in ruhiger Gefasstheit hingenommen werden – um die zur Schicksalssprache passende Erwiderung zu erlernen, anstatt alles abzuwehren und wegzuwischen. Wer sich einfach empört oder umgekehrt zu sehr nur in eine Betrübnis verfällt, bei dem ist eher verhindert, was als Seelenantwort auf die uns anrührenden Schicksalskräfte folgen kann.

Halten wir hingegen in wacher Ruhe dem stand, was zunächst mit einer beträchtlichen Erschütterung verbunden war, so können sich überraschende Entdeckungen im eigenen Wesen ergeben. Plötzlich ist etwas gelöst und befreit, das uns selber bisher den Weg versperrte. Es gelangen Begabungen oder Fähigkeiten zum Vorschein, um die zuvor vergebens gerungen wurde.

Von dem inneren Berührtsein durch gedankliche Weiterbeschäftigung oder durch Traumbilder kann auch in einer zweiten und dritten Nacht einiges weitergehen. Das ist dann ein ziemlich sicherer Hinweis darauf, dass hier Karma sich ausspricht. Dennoch sollte kein leichtfertiges Spekulieren darüber stattfinden.

Dass Schicksal waltet und an unserer Seele arbeitet, das zu bemerken, sollte zunächst mal genügen. Wichtig ist die Suche danach, wie sich ein Begegnungsgeschehen weiterentfalten möchte.

Bei einem neuerlichen Zusammentreffen kann trotzdem ein Hemmnis erlebbar sein gegenüber der betreffenden Person. Es ist, wie wenn sich eine zusätzliche unsichtbare Schicht oder Kruste um uns gelegt hätte. Als Herausfiltern oder Kristallisieren des Karma wäre dies zu begreifen.

Einer regelrechten Auflockerungstätigkeit bedarf es dann, um fortan Offenheit füreinander zu bewahren. Nicht selten ist auch das Einbeziehen von weniger verstrickten Menschen nötig, damit alles erträglicher bleibt.

Unser Leben als Übung

Was uns ins Dasein hereinholt und in die Schwere hineinstellt, hat grundsätzlich mit Karma zu tun. Wenn dann ein intensiveres Wahrnehmen hiervon anfängt, kann es schnell passieren, dass wir empfindungsmäßig darin zu versinken drohen oder deswegen in eine gewaltige innere Spannung geraten.

Trotzdem sollte das mit einer möglichst großen Besonnenheit angeschaut werden. Auch wenn uns jemand bereits beim erstmaligen Kennenlernen sowie bei jedem neuerlichen Nahetreten mächtig berührt und beinahe aus der Fassung bringt, kann dies zunehmend als Kriterium für eine karmische Vorgeschichte gelten.

13

Das wirft einen fast um. Oder etwas braust auf ähnlich einem Feuersturm. Wie ein verborgenes Naturereignis ist dies. Eben, da haben wir es: Nichts bewegt den Menschen mehr als irgendwelche karmischen Relationen.

Zugleich bedarf es jedoch der allergrößten Beweglichkeit, um passend zu reagieren. Weder sollen wir selber zu sehr ins Aufbrausen geraten noch uns gar völlig ü-ber-rollen lassen von dem, was mit schicksalhafter Impulsivität in unsere Existenz hereinschlägt.

Wie ein Blitz kann uns ein Schicksalsschlag treffen. Auf keinen Fall aber sollten wir deswegen alle Bedachtsamkeit verlieren. Auch wenn dann noch ein heftiger Donnerhall nachfolgt!

Durchaus dürfen karmisch geprägte Ereignisse zutiefst berühren. Was hierbei in uns erzittert, bringt entscheidende Lebensveränderungen in Gang, wie sie anders kaum zu erreichen wären.

Nicht oberflächlich erregt sollen wir werden, sondern in den Tiefen erfasst. Kein voreiliges Abschmettern ist angebracht, vielmehr wäre ein Berührtsein bis auf den Grund des eigenen Wesens auszuhalten.

Ins Mark treffen können uns karmische Begebenheiten. Und von dorther können erst stimmige Antworten erfolgen. In uns wird angesprochen und herausgelöst, was bis dahin geschlafen hat.

So ist dies generell mit dem Schicksal. Es führt einen Schlaf in unseren Gliedmaßenbereichen. Entzaubert wird daraus etwas, wenn wir auf Entsprechendes stoßen, das von außen entgegenkommt.

Dies weckt dann Schicksalserwiderungen, die in unseren Wesenstiefen wie eingesargt gewesen sind und auf dasjenige warten mussten, was dazupasst im Sinne einer Ergänzung oder eines Ausgleiches. Beides zusammen macht erst das eigentliche Karma aus.

Eher wie ein Traum ziehen sonstige Sozialabläufe an uns vorbei. Menschen agieren auf der Bühne des Lebens und treten wieder ab. Plötzlich jedoch sind wir selber mit hineingezogen und voll dabei.

Schicksal hat gesprochen! Immer bewusster wäre das zu registrieren. Vorher ist alles nur ein Lebenstraum. Wo wir vom Karma berührt sind, fängt der wirkliche eigene Einsatz an.

Selbst wenn ein Unglück scheinbar irgendein Vorhaben vereitelt, kann das eine ganz besondere Sprache des Schicksals sein. Dadurch beginnt vielleicht erst, was karmisch gefordert ist. Oder ein zu großes Abweichen hiervon korrigiert sich wieder.

Immer sind es zwei Tendenzen, die zum Schicksal gehören. Etwas bergen wir im Innern als karmischen Auftrag. Dies macht uns suchend nach dem, was draußen als notwendige Ergänzung hinzutreten soll.

Beides strebt aufeinander zu, um sich weiterzubringen. Das ergibt jene geheime Anziehungskraft, die im Leben merkwürdigste Zufälle herbeiführt. Doch können aufgrund von falschen Einschätzungen auch enorme Turbulenzen vorkommen, welche vieles vereiteln, was eventuell durch lange Zeiten vorbereitet war.

Mit einer Gediegenheit und Genauigkeit ohnegleichen wirkt das Karma. Den Menschen kann gerade dies irritieren und zu völlig verkehrten Verhaltensweisen verleiten – sofern er zuwenig geneigt ist, genügend nach schicksalsmäßigen Verknüpfungen zu fragen.

Wegen einem sehr ungenügenden Freiheitsbewusstsein entsteht häufig eine instinkthafte Auflehnung gegen das, was mit karmischer Präzision abläuft. Genau deshalb erfolgen recht oft negierende Reaktionsversuche, weil uns einiges zu nahe tritt.

Über ein Durchschauen solch voreiliger Unwilligkeit kann allmählich die Befähigung reifen, damit korrekter umzugehen. Wir sehen ein, dass es besonders exakte Anzeichen für Schicksalsbezüge sind, wenn sich bei uns eine Blockade zeigt.

Möchte uns da etwas nicht geradezu verschlingen? Und wir sollen noch ja sagen! Eigentlich wird sehr gut gewusst, dass dies mit uns zu schaffen hat.

Allein, wir können das nicht ausstehen! Oder versöhnlicher ausgedrückt: Es soll erst langsam ein Sich-Gewöhnen daran entwickelt werden.

Wir müssen uns solche Zusammenhänge stets wieder zu Gemüte führen, um ihnen entsprechende Verhaltensformen auszubilden. Eine erkenntnishafte Aufhellung ist nur ein Anfang. Die eigentliche Erprobung hat in der Lebenspraxis selber stattzufinden.

Jedenfalls ist das Anerkennen karmischer Wechselwirkungen eine fortwährende Übaufgabe. In jedem Augenblick kann eine neue Seite im Prozess unseres Verwobenseins mit dem Weltgeschehen aufgeschlagen werden. Vielfach ahnen wir zutiefst, dass sich Wesentliches mitteilen will – und nicht nur angenehmer Art.

Dasjenige, woran ein Mensch in früheren Zeiten beteiligt war, zieht seine Kreise durch die Welt und kehrt wiederum zu ihm zurück. Das ist seine vorrangige Ge-

genwartsrealität, mit entstanden aus eigenen Vergangenheitstaten.

Wie sodann reagiert wird, aus dem entsteht Zukunftskarma. Immerfort gilt zweierlei: Einstiges holt uns ein und Kommendes geht daraus hervor.

Jeweils schafft daran der gesamte Weltenhintergrund mit, welcher jedoch voll wesenhaft gedacht werden muss. Höhere Geister nehmen das Getane auf, wenden es um und tragen dies zu uns hin.

Insofern trifft zu: Das Schicksal ist die gesammelte Erwiderung aller Weltenwesen auf unser persönliches Treiben. Was wir vollziehen, aber auch versäumen, zeitigt seine Folgen im Schöpfungsfortgang.

Dieser ist das Material, damit Karma sich ausgestalten kann. Nicht bloß die verschiedenen Möglichkeiten von uns sind dadurch erklärbar, sondern das gilt bis in die Naturgestalten hinein.

Mancherlei hat tatsächlich auch die Vehemenz eines elementaren Ereignisses, was uns von außen als Schicksal entgegentritt oder gar im eigenen Leib sitzt. Mit anderem können wir freier verfahren und nicht weniges sogar übersehen.

Was sich mit einer richtigen Wucht vor uns hinstellt, weist auf etwas, das wir eher problematisch ausgelöst oder abgeschmettert haben. Stärkste Tatsache kann nun plötzlich sein, womit in der Vergangenheit ein grobes Versäumnis verbunden war.

Jetzt gilt es sich abzugewöhnen, was zuvor vielleicht überzogen wurde. Oder wir müssen uns mühsam wieder etwas aneignen, weil zuvor einiges abgewimmelt gewesen sein mag.

Zartere, leisere Schicksalsanfragen dagegen beruhen mehr auf einer Wiederkehr dessen, was im guten Sinne zwar bereits begonnen hatte, doch bei weitem nicht gelungen war. Hierfür bekommen wir also erneute Chancen des Ergreifens, während das einstmals Überzogene gerade ein geduldigeres Ertragen verlangt.

Schwieriges aus vergangenen Zeiten rückt nun am meisten zu Leibe. Keine Strafe ist das, vielmehr eine heilsame Korrektur. Universelle Schöpfungsfolgen sind dabei mitbeteiligt.

Und nicht das geringste von dem muss verloren sein, was positive Ansätze betrifft. All unser Bemühen schreibt sich der weiteren Weltentwicklung ein – auch wenn großes Missgeschick hereinspielte.

Vermeintlich Gescheitertes ist eventuell ein wertvoller Zukunftskeim, obwohl es nicht unmittelbar fruchtete. Scheinbar Untergegangenes kann dennoch fortwirken und später besonders reich zur Entfaltung gelangen.

Überhaupt ist entscheidend, welche Impulse aus irgendeinem Vorfall mitzunehmen sind. Was äußerlich wie ein Verhängnis gilt, kann die wichtigsten Veränderungsanstöße in sich bergen. Wo dagegen nur glorreiches Gelingen gefeiert wurde, das mag in Kürze schon wieder vergessen sein.

Wohl sollten wir uns in eine zu komplizierte Schicksalsangelegenheit nicht noch unsinnig hineinsteigern. Das kalte oder schroffe Abweisen ist jedoch ebensowenig angebracht. Maßgeblich kann vor allem sein, wie energisch unser Karma am eigenen Seelenwesen arbeitet.

In ausgewogener Weise wäre ein Durchhalten zu lernen, frei von zuviel Abgrenzung sowie übermäßiger Erregtheit. Sich mit Gelassenheit durchaus heftig erschüttern lassen, ist eine hierbei auszubildende Kunstfertigkeit.

Geprüft sind wir da vom Leben selber. Wird mit der Schicksalserkenntnis besonnen genug umgegangen? Das Bewusstsein vom Karma darf nicht bloß etwas Theoretisches bleiben. Es hat sich in der Alltagspraxis zu bewähren.

Hinzulauschen ist auf jenes geheime Schicksalswissen, welches in unseren Wesenstiefen versteckt sein mag. Dieses darf nicht zu abrupt hervorbrechen, weil wir uns sonst zuwenig behaupten können.

Ohne meditative Bedächtigkeit sind wir zu schwach hinsichtlich der Intensität aufgeweckter Schicksalsregungen. Darum bedarf es eines erkenntnismäßigen Vorbereitetseins, wofür die anthroposophische Geisteswissenschaft bedeutende Hilfen bieten kann.

Wir sollten das Schicksalswalten denken, ja meditieren, bevor dieses sich allzu direkt kundzugeben beginnt. Unvorbereitet kann es uns zu sehr schockieren oder umwerfen. Darum wird auch hier ganz besonders deutlich: Nur ein Erkennen macht den Menschen frei.

Keineswegs müssen wir gleich einen vollen Durchblick haben. In seinen Einzelheiten bleibt vieles verborgen. Doch die denkerische Bereitschaft ist nötig, sich damit anzufreunden. Solch eine Fähigkeit wird zum untrüglicheren Zeugnis für echtes Karmaverständnis. Es ist desto inniger zu erüben, je mehr irgendwelche Lebensereignisse unsere Seele bewegen.

Anthroposophisches Erkennen wird konkret gefordert, indem Schicksalsregungen in uns auftreten. Einstige Ursachen melden sich zurück. Und wir haben die Chance, jetzt anders damit umzugehen.

Jene seelische Selbstbeobachtung nach naturwissenschaftlicher Methode, wie sie Rudolf Steiner durch »Die Philosophie der Freiheit« begründete, wird hier zur unverzichtbaren Hilfe, um sich ein dem Schicksal gemäßes Verhalten anzueignen. Ich spüre, wie einschneidend es sein kann, wenn Resultate aus früheren Leben im jetzigen Dasein auftauchen – und bin zugleich Betrachter von ihnen.

Zwar ist mein Wesen unmittelbar hiervon berührt. Doch brauche ich mich nicht völlig ausgeliefert zu fühlen, denn über das Erkennen lassen sich Elemente einfügen, welche im bisherigen Karma fehlen.

Ja darum soll es sich am allermeisten handeln: ins mahnende Schicksalsgefüge dasjenige einzubringen, was dieses sinnvoller erscheinen lässt. Wobei wir niemals gleich voll Bescheid wissen müssen, was nun die gesamten Hintergründe sind! Das wäre nicht sogleich zu verkraften.

Verlangt wird ein unermüdliches Streben nach besserem Übereinstimmen mit den entgegentretenden Herausforderungen oder auch Verworrenheiten. Kaum je ist da unmittelbar eine Lösung zu erreichen.

Einzelne unzulängliche Taten aus ehemaligen Inkarnationen erfordern eine Vielzahl von heutigen und zukünftigen Anstrengungen, um mit der Zeit günstigere

Ergebnisse zu zeitigen. Nur in einem langen Prozess lässt sich umschichten und besser aufbauen, was uns an Unbefriedigendem getroffen hat.

Unbedingt sollten wir im Bewusstsein tragen, dass einschneidendere Schicksalsbedingungen sich nicht einfach abfertigen lassen. Was karmische Prägung hat, tritt uns immer wieder entgegen – bis jenes stimmigere Umlenken gelingt, das aus dem Hemmenden etwas Förderliches macht.

Verflossen sind zwar die einstigen Anlässe, welche das Schicksal ausgelöst haben. Jene fortgeschickten Impulse, die unser Karma beinhalten, treten später aus der Zukunft entgegen.

Als Bumerangeffekt ist dies treffend zu beschreiben. Von uns mitverursachte Taten eilen voran und kreuzen später den eigenen Weg. Wird das erneut abgewehrt, kann ein noch kräftigeres Echo erfolgen.

Wir sind irgendwann davon eingeholt. Ablehnende Reaktionen stellen keine Lösung dar, sondern erzeugen hartnäckigeren Widerstand.

Je eher wir etwas Schicksalhaftes akzeptieren, desto freier lässt sich damit verfahren. Ansonsten sind die Konfrontationen stets eindringlicher.

Zuerst mag es sich mehr um eine denkerische Anerkennung handeln. Versäumen wir die geistige Einsichtnahme, kann bei einem weiteren Begegnen unsere Seele schon in viel heftigeren Aufruhr geraten. Und wenn das nicht genügt, ist noch ein Ergriffensein bis in den Körper hinein zu erwarten, etwa in Form von Krankheiten.

Durch eine Schicksalsverleugnung stoßen wir zurück, was sich danach um so drastischer kundgeben kann.

Oder es wird unter einer gravierenden Schwäche gelitten, welche trotz langwieriger Versuche nur allmählich verschwindet.

Insofern sind wir gerade gestraft, falls das Karma zuwenig beachtet war. Desto größere Mühen können folgende Leben bereiten, je mehr die gegenwärtigen Schicksalskundgaben ignoriert blieben. In der Zukunft begegnen uns dann zwanghaftere Situationen.

Wenn sich etwas sehr aufdrängt, sollten wir deshalb erwägen, dass früher vielleicht die betreffende Angelegenheit energisch abgefertigt wurde. Ein eigenes Mitarbeiten erfolgte an dem, was zu ernten ist.

Während der Pflanzenkeim unter den Boden gelegt wird, wandert die karmische Saat durch Geisteswelten. Sie ist von höheren Wesenheiten angeschaut, umgeformt und zurückgesandt. Was dann auf Erden uns begegnet, hat eine universelle Begutachtung hinter sich.

Nicht zuletzt deshalb bedarf es umfassendster Erkenntnisfähigkeiten, um das richtig zu begreifen. Sehr vieles ist zusammenzutragen, bis sich aus zahlreichen Details ein stimmiges Bild von einem Schicksalsverlauf ergibt. Vorschnelles Denken kann sogar sehr schädlich sein.

An sich müsste bei allen intensiveren Lebensereignissen stets als Frage auftauchen, was sie an schicksalhaften Geheimnissen verbergen. Zugleich aber sollten wir uns hüten, eigenwillige Interpretationen hineinzupressen.

Vielmehr müssen alle Einzelheiten sich gegenseitig erläutern. Das Karma ist nicht zu analysieren. Ein Verständnis kann nur erworben werden, indem wir beobachten, wie die Vorgänge aufeinander folgen.

Konkretes Rückschau-Üben ist deshalb eine wesentliche Hilfe für das Schicksalserkennen. Aus dem Bezug verschiedener Lebenssituationen mögen dann bildhafte Zusammenhänge hervorleuchten. Diese dürfen wir auf keinen Fall hineininterpretieren. Sie müssen wie von selber hervortreten.

Was wir tun können, ist ein wiederholtes rückschauendes Begleiten der realen Sozialprozesse. Wie deren einzelne Phasen sich sozusagen gegenseitig kommentieren, das stellt die eigentliche Schicksalssprache dar.

Somit haben wir karmische Antworten in Hülle und Fülle um uns. Es mangelt nur am Hineinlauschen. Erst dieses macht uns fähig, passende Ergänzungen anzufügen.

Verlangt ist nicht ein detailliertes Wissen darum, was in früheren Zeiten einmal geschah. Entscheidend wäre ein Erspüren davon, welche ausgleichenden Handlungen sich anzuschließen haben.

Es kann sogar belasten, wenn wir zu sehr darauf fixiert sind, was einstmals gewesen sein mag. Die Resultate davon sind ja um uns und warten auf eine Anknüpfung. In der Tat ist das wie bei einer Webekunst.

Bestimmte Muster sind längst angefangen worden und rufen nach einer Fortführung. Gar nicht so wesentlich ist, was ehemals vorfiel, sondern wie sich nun ein geeignetes Anfügen und kreatives Weiterweben vollziehen soll.

Gewiss müssen wir zur Kenntnis nehmen, dass gewaltige Lasten, Verknotungen oder Überempfindlichkeiten aus der Vergangenheit herrühren mögen. Dann wird behutsamer und geduldiger damit verfahren.

Aber wir dürfen nicht daran wie gefesselt sein. Sonst bannt uns Dunkles im Karma, weshalb kein unbefangenes Verhältnis dazu mehr möglich ist. Eventuell tritt sogar die Neigung auf, dass einstiges Missgeschick nochmals eintritt.

Wenn Früheres übermäßig fasziniert, droht sich etwas davon zu wiederholen. Deswegen musste ja einiges zurückweichen und zeitweiliger Vergessenheit anheimfallen – auf dass eine freiere Haltung demgegenüber errungen werden kann.

Sonst benehmen wir uns nochmals daneben, wenn Schicksalsbeschwernisse sich wiederum nähern. Maßgeblich wäre, dass das eigene Wesen jetzt gefasster ist, um eine stimmigere Beziehung dazu aufzubauen.

Just dann, wenn sich beinahe alles in uns sträuben will oder wir ganz niedergeschlagen sind, kann das eine stets untrüglichere Bezeugung dafür sein, dass ein mächtiger Schicksalsbrocken vor uns steht. Dagegen wild anzurennen, wäre ganz fatal.

Entweder überfordert dies uns selber völlig und zerschleißt die eigene Seelensubstanz. Oder es wird eine Negativbewegung ausgelöst, wo wir in einer solch unguten Art mit alten Kräften verschlungen sind, dass das die gegenwärtigen Wandlungsmöglichkeiten erdrückt.

Alles was zu heftig in uns tobt und sich zwanghaft aufdrängen will, wäre besser in Grenzen zu weisen. Ein zeitweiliger Widerstand kann sehr wohl angebracht sein, damit wir jene Seelenstärke erwerben, die ein wertvolleres Fortentwickeln gestattet.

Durchaus hat es seine Bedeutung, dass uns Vergangenheitslasten große Mühe bereiten. Andernfalls würden wir allzu leichtfertig in ungewisse Zukünfte drängen, ohne ihnen gewachsen zu sein. Jenes Abirren, welches dann geschehen könnte, wäre vielleicht nicht mehr zurückzunehmen.

Somit dürfen wir unseren Frieden schließen mit irgendwelchen karmischen Nachwehen und Vertracktheiten. Nicht als eine Bestrafung ist das zu betrachten, vielmehr als ein Gewinn für unser Voranschreiten – sofern gute Methoden gefunden werden, sich damit abzustimmen.

Jenes Arbeitsmaterial bringt das Schicksal, nach welchem jeder Mensch ganz spezifisch verlangt, um die ihm gemäßen Zukunftswege einzuschlagen. Diese Aussage lässt sich allerdings nur von einem tieferen Weisheitsblick aus bejahen, welcher unser bestmögliches Übereinstimmen mit dem evolutiven Gesamtgeschehen anpeilt.

Solch eine Anschauung ist mit echtem Karmaverständnis verbunden. Nicht irgendwelche Schicksalswillkür waltet, sondern eine fortwährende Bezogenheit zwischen unserem Individualleben und universellen Gesamtzielen.

Deren Erreichen kann keinesfalls dadurch gelingen, dass wir auf vorgegebene Evolutionsbahnen einspuren. Im Gegenteil muss unser eigenes Wesen noch zu dem herangebildet werden, was es zum unverzichtbaren Element eines kosmischen Ganzheitsprozesses macht.

Es sind die im Schicksal sich kundgebenden Impulse als eine Sprache der Götter zu verstehen. Menschen benutzen Worte, während höhere Wesenheiten im Karma sprechen.

Genauso kann von Sternenkräften die Rede sein, welche bis in Kleinigkeiten des Lebens hereinspielen. Darum ist nichts wirkungsvoller als sie. Was im Planetenlauf und Erdenwerden auftritt, hat stets umfassende Auslösungen.

Sämtliche Naturereignisse, ja sogar noch kosmische Bezüge verweisen auf übergeordnete Ursachen. Nicht dass wir meinen dürfen, unser Schicksal wäre dem fatalistisch ausgeliefert. Es hat jedoch eine universelle Einbettung.

An den Folgen, auf die wir treffen, sind Weltbewegungen beteiligt. Das stellt unser gegenwärtiges karmisches Umfeld dar. Und sowenig Naturgesetze unbeachtet bleiben dürfen, sollte dies erst recht nicht für schicksalhafte Zusammenhänge gelten – auch wenn sie weit verhüllter erscheinen.

Eben weil alles, was sich in der Welt ausbreitet, mit dem Karma in Verbindung steht, deshalb bleibt dieses zunächst verborgen. Da lässt sich durchaus sagen, dass es dichter bei uns ist als die Luft zum Atmen.

Auch unsere Leibeskonstitution wurde davon mitgestaltet. Doch reicht der Schicksalshintergrund bis in größte Weltenfernen, also noch weiter als die Sterne.

Allem liegt Karmisches zugrunde. Dies stellt letztlich den »Stoff« dar, von dem die Welt insgesamt handelt. Trotzdem ist damit noch nicht vorweggenommen, was von uns als Erwiderung sich anzufügen hat.

Am allertörichtsten wäre es, wenn wir die Schicksalsumgebung ignorieren, welche göttliches Wesensschaffen um uns ausgebreitet hat. Bald stehen wir sonst vor unüberwindlichen Hindernissen oder vernichtenden Abgründen.

Vielmehr ist es so, dass sich um so schöner mit dem Karma zurechtfinden lässt, je ehrlicher dieses respektiert wird. Andernfalls gefährden und verrennen wir uns andauernd, insbesondere wenn Widrigkeiten missachtet bleiben.

Vielleicht werden dann genauso positive Möglichkeiten nicht erkannt, welche uns zwar vor Augen liegen. Aber wir sind von Wünschen oder Abneigungen erfüllt und können nicht berücksichtigen, welche Wege schicksalsmäßig geboten wären.

Persönlich Erstrebenswertes ist stets in Einklang zu bringen mit den karmischen Gegebenheiten. Je besser individuelle Anliegen und schicksalhafte Bedingungen aufeinander abgestimmt sind, desto fruchtbarer mögen wir mit unserem Leben zurechtkommen.

Unser Dasein wird sonst noch vertrackter, insbesondere wenn wir wichtige Aufgaben vorhaben. Ein Verwerfen karmischer Voraussetzungen kann sich bitter rächen, weil dann die wichtigsten Hilfen fehlen.

KONSTRUKTIVES SCHICKSALSBEJAHEN

Näher betrachtet stellt unsere Leiblichkeit geronnene Vergangenheit dar. Die Bahnen voriger Leben haben sich eingetragen und bilden eine Basis, auf der wir uns vorwärtsbewegen. Gerade nicht gut und nötig ist es, bloß Altem nachzugrübeln.

Das würde den Boden verunsichern, auf den unsere Zukunftswege bauen sollen. Unvorbereitet zuviel von Früherem zu wissen, könnte uns völlig befangen machen, so dass sich der Blick auf Kommendes eher trübt. Jene Chancen, welche jede neue Inkarnation bietet, nämlich unbelasteter voranzuschreiten, wären eventuell schnell vertan.

Was einstmals geschah, holt uns früh genug wieder ein, eben wo es an der Zeit ist. Meist geschieht dies, wenn wichtige neue Schritte in unserem Dasein anstehen. Dann erhebt sich zugleich etwas, das mit vergangenen Lebensphasen zu tun hat.

Es kann bald keinen Zweifel mehr geben! Eine Begebenheit, bei der intensive Bezüge zu anderen Menschen hereinspielen, rührt uns so an, dass dies nicht anders zu erklären ist: Wir treffen auf jene zunächst schlafende Schicksalsregion, die bis zur jeweils besonderen Begegnungssituation geführt hat.

Deshalb sind wir so sehr berührt. Ein Lebensereignis geht uns derartig an, dass dies das Innere umkrempelt. Trotzdem gilt es größtmögliche Ruhe zu bewahren. Die

Seele erbebt – und geistig soll dennoch eine völlige Gelassenheit walten.

Einstiges steigt empor, darf sich aber auf keinen Fall einfach wiederholen. Genausowenig sollen wir es verstoßen. Entscheidend ist vielmehr das bewusste Standhalten. Dadurch sind Impulse zu erringen, die uns voranleiten können.

Schicksale kehren zurück, doch darf der Mensch nicht darin versinken oder sich davon überrollen lassen. Worauf es ankommt, das ist eine innere Selbstbehauptung. Allein daraufhin lassen sich voranleitende Antriebe erwerben.

Beunruhigend ist das Karma, zerrend oder drängend. Eine unerhörte Souveränität des Geistes ist verlangt, um hier die passende Reaktionsweise aufzubringen. Nicht dass wir letztere von vorneherein besitzen! Durchaus ist es nötig, an Wiederholungszwängen zu erwachen, die sich uns nähern wollen.

Sowohl dem, was mehr instinktive Zuneigungstendenzen als auch Abwehrgefühle sind, liegt eine karmische Vorgeschichte zugrunde. Weder sollten wir uns da einfach hineinverlieren noch eine Projektion von Negativitäten auf auslösende Mitmenschen vollziehen. Nüchterne wissenschaftliche Studienhaltung wäre zu erlernen, obwohl sich ein gravierendes seelisches Rumoren in uns vollzieht.

Dann kann in verinnerlichter Form nachgearbeitet werden, was ehemals an äußeren Schicksalsveranlagungen begann. Egal ob es eine ziemliche Betretenheit ist, die uns überwältigen will, oder umgekehrt etwas wie ein Wirbelwind durch die Seele saust, beides wäre so zu studieren, als ob wir einem fremden Wesen begegneten.

Voreilige Deutungen und Instinktreaktionen sollten wir uns geradezu verbieten. Sonst verwirrt noch stärker, was eigentlich auftritt, um eine karmische Lösung zu erfahren.

Nicht alte Muster sollen zur Fortsetzung gelangen, so dass wir uns desto problematischer darin verstricken. Im Schicksalswalten können stattdessen Umwendungen anfangen – die allerdings eines vielfältigen Erprobens bedürfen, damit sie wirklich greifen.

Um oftmaliges praktisches Bewähren handelt es sich hierbei. Neugierige Kenntnisnahmen, gar angestachelt durch andere Menschen, die als sogenannte Reinkarnationstherapeuten irgendwelche Bildreisen mit uns unternehmen, nutzen meist wenig oder verunsichern noch.

Wir sind da nicht selber zu den entsprechenden Einsichten herangereift. Sie wurden aus uns herausgekitzelt. Keine Tür hat sich hier aus eigener Kraft geöffnet, sondern es geschah ein Blick durchs Schlüsselloch.

Nur Details sind zu sehen, häufig ohne richtigen Zusammenhang, weshalb überhaupt nicht klar wird, wie die Stellung zu dem verfrüht Angeschauten ist. Eventuell erblicken wir manches völlig gegenteilig – etwa als ob uns das angetan gewesen wäre, was selber vollzogen wurde.

Ähnlich ist das wie bei vielen Traumphantasien, wo eigene Wünsche oder Ängste sich zu kolossalen Zerrbildern aufblähen. Allergrößte Vorsicht muss gegenüber solchen aufgedrängten und mitunter noch verfälschten Erlebnissen walten.

Ob das Wahrheit ist oder Trug, kann nur vom Wachbewusstsein aus allmählich beurteilt werden. Verbieten sollten wir es uns, irgendwelche Bilder vorschnell zu deuten.

Zum Beispiel kann es sein, dass mitzubekommen ist, womit ein Mensch besonders stark kämpfen muss. Völlig falsch aber wäre, ihn damit gleichzusetzen.

Ebensowenig dürfen wir jemand mit dem identifizieren, was von ihm glühend ersehnt oder verehrt wird. Überhaupt ist immer der Gesamtzusammenhang wichtig, in dem verschiedene Bild-Erlebnisse stehen. Erst daraus lassen sie sich mit der Zeit deuten.

All dies wäre deshalb so behutsam anzusprechen, weil unsere Urteile sogleich mit wirksam werden und das Karma beeinflussen. Wenn bestimmte Personen sich etwas Verkehrtes einbilden oder aufgeredet bekamen, so kann das ihr Handeln kolossal belasten.

Ein unbefangenes, freilassendes Anschauen des Schicksals ist eine der schwierigsten Aufgaben überhaupt. Das Bemühen um diesbezügliche Einsichten kann nicht früh genug einsetzen. Doch stehen uns hierbei langwierige, prüfungsreiche Anstrengungen bevor.

Vor allem sollte mit dem tiefsten Respekt auf das geblickt werden, was Hinweise und Reaktionen unserer Mitmenschen sind. Diese stellen ja den wesentlichsten Bereich unseres Karma dar. Was aus eigener Innenschau aufsteigt, kann meist nur Frage oder Fragment sein.

Entscheidende Ergänzungen sowie auch Korrekturen gelangen von außen an uns heran. Insofern lässt sich generell sagen, dass die eigentlichen Schicksalsantworten uns vom sozialen Umkreis her entgegentreten.

Zwar mag ein stimmiges Entschlüsseln oft lange dauern. Dennoch ist die handgreifliche Realität hiervon unübersehbar. Was uns entgegentritt, haben wir selber mal eingebrockt. Nun muss es auch ausgelöffelt werden.

Zu heiß brauchen wir dies nicht aufzugreifen, sollten es jedoch auch keineswegs völlig erkalten lassen. Bei allzu hitziger Erregung wäre eher ein gewisser Abstand nötig, um unkontrollierte Handlungen zu verhindern.

Dagegen ist bei kühler Distanziertheit schon wieder empfehlenswert, dass ermunternd aufeinander zugegangen wird. Durch solch eine Geste kann sich das soziale Klima meist schnell erwärmen.

Immer aber ist geboten, das eigene Seelenwesen ehrlich zu beobachten: ob da nicht zwanghafte Tendenzen vorliegen, welche bereits die eigenen Äußerungen bestimmen können und erst recht das, was Mitmenschen dann verspüren.

Geboten ist deshalb unbedingt, dass wir uns in bezug auf allzu festlegende karmische Vergangenheitstendenzen erst einigermaßen freischaffen. Sonst erzeugen sie erneut gegenseitige Beeinträchtigung oder gar mancherlei Zerwürfnis.

Hier kann ein innerer Abstand zu mitgebrachten Schicksalsprägungen erforderlich werden. Wir sollen daran erwachen, statt uns einfach ihnen auszuliefern.

Gelernt werden müsste ein allmähliches Umlenken oder sogar Umschmelzen alter karmischer Impulse. Jemanden einfach abzustempeln, dass er ja einst dieses oder jenes war, kann schon wieder eine zusätzliche Belastung sein.

Früheres soll nicht mehr maßgebend sein, auch wenn es sich mächtig aufplustern will. Welche Richtung neu eingeschlagen wird, wäre nun als das Entscheidende zu erkennen, ja dabei mitzuhelfen.

Auswirkungen ehemaliger Inkarnationen mögen klar erahnbar sein. Dennoch dürfen sie uns nicht bange machen oder geradezu bannen. Das wäre der Fall, wenn wir völlig darauf fixiert bleiben – egal ob infolge von einseitiger Kenntnisnahme oder Ablehnung.

Je mehr wir ahnen und wissen von verflossenen Verkörperungen, um desto größere Unbefangenheit ist deswegen zu ringen. Ansonsten beherrschen uns genau jene Kräfte, zu deren Wandlung gegenwärtige und zukünftige Inkarnationen dienen sollten.

Bereits wenn ich unbedacht weitererzähle, jemand werde für eine spezifische vergangene Persönlichkeit gehalten, kann das bei ganzen Gruppen von Menschen eine verwirrende Einmischung hervorrufen. Mitunter ist das wie ein Attentat auf ein jetziges Erdendasein, weil sich Vorstellungen darüber stülpen, welche die heute anstehenden Schritte beeinträchtigen und eventuell verunmöglichen.

Hilfreich, ja unentbehrlich bleibt es, sich der Konsequenzen sowie Verantwortlichkeiten bewusst zu werden, welche aus vorherigen Erdenleben resultieren. Völlig daneben aber liegt es, jemanden deswegen abzuqualifizieren.

Sobald etwas zum plakativen Einordnen oder gar Abstempeln tendiert, kehrt sich die Bedeutung der Reinkarnationserkenntnis ins Gegenteil um. Man fällt ins Alte zurück statt sich damit so zu befassen, dass hinzugefügt wird, was im Sinne eines voranschreitenden Karma gefordert wäre.

Vielleicht hat mancher, den wir bei oberflächlichem Einschätzen mit Problemen behaftet sehen, diese längst hinter sich. Dagegen verfallen andere sehr abwegigen Neigungen, weil sie geradezu als karmischer Richter auftrumpfen wollen.

Meditatives Abspüren von schicksalhafter Wirksamkeit kann unverzichtbar sein, um sich in schwierigen Gegenwartsangelegenheiten angemessen zu verhalten. Ungenügende Spekulationsphantasien verursachen jedoch umgekehrt einen wüsten emotionalen Aufruhr und steigern noch, was sich längst abgelebt haben könnte.

Man maßt sich an, Gericht halten zu können über Vergangenheitsprozesse – und vereitelt außerdem, was an gewandelten Zukunftswegen daran anknüpfen sollte. Wenn wir ehemalige Verfehlungen heute noch bekämpfen, dann verstärken sich frühere Übel, statt dass jetzt um so energischer davon Abstand genommen wird.

Belastende Erbschaften aus einstigen Zeiten holen uns sowohl wieder ein, wenn sie absichtlich ignoriert werden, als auch dann, wenn wir in erniedrigender Gesinnung darauf starren. Weder ein Fixiertsein darauf ist angebracht noch das Verleugnen.

Einzig sinnvoll ist das ruhige Annehmen ohne Wenn und Aber, um sich daran aufzurichten und Vergangenes aufzulichten. Eine gesunde Kehre vollzieht sich so.

Dies stärkt uns und leitet voran. Alles Verneinen oder Befehden hingegen ruft innere Schwächen sowie äußeren Streit hervor.

Sich Früherem gegenüber etwas vorzumachen, liegt völlig daneben. Da ist nichts mehr zu ändern. Fortwährend jedoch können wir an unserer Einstellung hierzu arbeiten und die wertvollsten Lehren empfangen. Was zuvor problematisch lief, mag nun am meisten motivierend sein für echte Lebenswandlungen.

Trügerisch wäre, wenn gemeint wird, sich auf ehemaligen Errungenschaften ausruhen zu können. Sie sind oft schnell verbraucht. Und in den Verlust hiervon zieht besonders Verderbliches ein.

Bei nicht wenigen Künstlern, Politikern oder Unternehmern ist das zu beobachten. Sie bringen manchmal geniale Befähigungen aus vorigen Inkarnationen mit. Sonst wäre kaum zu erklären, dass ihnen vieles förmlich zufällt.

Deren Schaffen beginnt sich irgendwann jedoch im Kreise zu drehen und sie kopieren ihr eigenes Tun.

Auch der Umgang mit ihnen wird komplizierter. Am Ende ist das Vergangene aufgezehrt, aber nichts Neues angelegt.

Ganz anders jene, die zunächst mit ihrem Umfeld oder der eigenen Leiblichkeit mehr zu kämpfen haben und sich von Hinfälligem lösen müssen. Allmählich wird daraus Fortführendes gewonnen, obwohl das nicht ohne große Erschütterungen vonstatten geht.

Ihr Weiterschreiten ist zunehmend sicherer, auch freier. Bemeisterte karmische Lasten erlauben desto beweglicheres Zukunftswirken.

Wer sich hingegen nur im Lichte einstiger Größe sonnt, den können später richtig katastrophale Situationen einholen. Es wurde nur vom Mitgebrachten gelebt, bis dieses nicht mehr trägt. Dann steht man wie im Nichts.

Wird das genügend durchschaut, können wir unseren Frieden finden mit den verschiedensten Widrigkeiten im Erdendasein, welche uns regelmäßig einholen und zurückzuwerfen scheinen. Ein Ringen damit hilft, persönliche Mängel umzuwenden, so dass genau dies innere Stabilisierung verleiht.

Ohne letztere wiederum wären wir den launischen Tücken nicht gewachsen, die uns vom zukünftigen Voranentwickeln abbringen wollen. Wie ein negatives Gespür ist es häufig, welches sich exakt gegen das auflehnt, was im Sinne des Karma dran wäre.

Im Grunde wissen wir zu gut, dass uns etwas zutiefst betrifft, wenn das eigene Seelenwesen rebelliert gegen bestimmte Schicksalsumstände. Dann kann sich zeigen, wie echt das war, was mit meditativer Besinnung angestrebt wurde.

Es ist fast wie eine Schicksals-Allergie, welche uns bisweilen aufwühlt. Um da besonnen zu bleiben, müssen wir alle Bewusstseinskräfte sammeln und höchste Ruhe bewahren, obwohl das Innere geradezu tobt.

Ehrlichste Selbsterkenntnis braucht es, damit nicht verworfen wird, was sich als Karma kundgibt. Eben weil solch ein seelisches Sträuben vorliegt, kann dies deutlich bezeugen, wie innig uns das betrifft.

Nur wenn wir realisieren, wie auch eine heftige Ablehnung klar zeigt, dass Schicksal sprechend wird, lässt sich diese Situation gut bemeistern. Solches Durchschauen ist ein Schutz vor Fehlreaktionen.

Aktivste Geistesgegenwart im Standhalten gegen die Wirrnisse in sich selbst ist gefragt. Eine meditative Friedsamkeit ohnegleichen wird benötigt, um der karmischen Vehemenz nicht zuwider zu handeln.

Unser engster Schicksalsumkreis ist es zumeist, welcher hierbei stärkste Seelenprüfungen hervorruft. Eine Flucht davor sollte als Niederlage gelten. Ein Kampf damit würde das innere Chaos noch steigern und nach außen tragen.

Obwohl wir kurz vor dem Explodieren stehen mögen, nützt allein das stille Behaupten – wobei alle gute Geistigkeit um Hilfe zu bitten wäre, die uns überhaupt erreichbar ist. So nur kann es gelingen, sich mit dieser prüfungsreichen Lage zurechtzufinden.

Wir müssen heutzutage nicht verborgene Mysterienstätten aufsuchen, um den intensivsten Lebensproben ausgesetzt zu sein. Mitten im sozialen Alltagstreiben kann das geschehen. Wenn sich irgendwelche Begebenheiten zuspitzen, mag das auf ganz besondere Konfrontationen mit einem Vergangenheitskarma verweisen.

Zu massiv darf dies dennoch nicht werden. Ansonsten ist dagegen nicht mehr anzukommen. Entscheidend wäre nun, mitgeschleppte Verkehrtheiten sich abzugewöhnen.

Gleichzeitig soll dasjenige anwachsen, was uns weiterträgt. Im Hinblick auf unser Zukunftswerden wird das schicksalsbezogene Durchhalten erst richtig wesentlich – ohne dass wir uns allzu sehr versteifen oder verrennen.

Karmische Kunst im eminentesten Sinne ist, was es erlaubt, sich mit der eigenen Lage auszusöhnen. Bisweilen mögen recht grobe Schläge erfolgen, gegenüber denen wir uns behaupten müssen. Vorhandene Erregtheiten sollten nicht noch gesteigert werden, sondern wären zu beschwichtigen.

Zugleich darf auch keineswegs beschönigt werden, was an Empörendem erahnbar sein mag. Denn es muss uns das Schicksal ab und an hart anpacken, um endlich zu einer lösenden Geste hinzufinden.

Bloß dann nicht mit noch größeren Grobheiten antworten! Viel vernünftiger ist, sich eine gewisse Distanziertheit anzueignen. Dabei wird durchaus die Überlegung dienlich sein, dass wir uns selber eingebrockt haben, was durch das jeweilige karmische Umfeld herantritt.

Mit bestmöglicher Gelassenheit gilt es auch Schicksalshärten zu begegnen. Meist folgen sodann leise Winke, die zeigen, wie etwas in ausgeglichenerer Weise fortzuführen wäre.

Durch zarte Andeutungen künden sich voranleitende Karmaimpulse an. Hier ist nichts Bedrängendes dabei. Das Schicksal-Lösende hat völlig freilassende Eigenschaften. Wir sollen es ohne jedes Gezwungensein erwählen.

Allein so können sich gute karmische Entscheidungen abspielen. Was machtvoll drängt, demgegenüber sollten wir uns teilweise abgrenzen – aber ohne jeden Gedanken einer Ausflucht. Es braucht jedoch einen gewissen Abstand, um nicht auf vergangenheitsbedingte Handlungszwänge hereinzufallen.

Den hilfreichen Schicksalszeichen ist ausdauernd nachzuforschen, bis diese vielfältig genug geworden sind. Dann beginnen sie allmählich deutlicher zu sprechen.

Niemals dürfen einzelne Vermutungen, die in uns auftauchen, schon als volle Wahrheit über Vergangenes genommen werden. Das können genauso fremde Seelenanteile sein, welche sich unserem Wesen eingeprägt haben. Da müssen schon Erfahrungen von mehreren Seiten hinzutreten, bis wir sicherer sein können in bezug auf passende Urteile.

Bedenklich ist erst recht, wenn jemand von traumhaften oder gar tranceartigen Bild-Erlebnissen aus früherer Zeit beeinflusst wird. Dies beruht auf einer Schwächung des wachen Tagesbewusstseins, so dass klares Unterscheiden verschwindet.

Allerlei Vorlieben oder Abneigungen mischen sich ein, die Individualität tritt zurück. Täuschender Verworrenheit wird Tür und Tor geöffnet. Das richtige Einordnen dessen, was mitzuvollziehen war, ist untergraben.

Deswegen mag es um so eher geschehen, dass wir hinsichtlich des gegenwärtigen Schicksalsbewältigens versagen. Denn da wird vieles entstellt oder blockiert aufgrund von innerer Schwächung.

Die karmischen Gegenwartsanforderungen regeln sich immer weniger von selbst. Nicht weniges wird unterdrückt oder erfährt gar manchen Bruch, wenn wir es allzu elegant handhaben wollen. Häufig ist gerade dann ein ziemlich widerspenstiges Schicksalswalten zu beobachten.

Möchten wir trotzdem ehrlich und standhaft bleiben, ohne emotionale Empörung oder schreckhafte Vertuschung, ist eine innere Aufrichtigkeit ohnegleichen verlangt. Daran sollte vor allem gearbeitet werden, statt neugierige Einblicke in Zusammenhänge zu wünschen, mit denen sich bei weitem noch nicht angemessen umgehen lässt.

Der eine Mensch fühlt sich davon entzückt, ein anderer ist desto mehr angewidert. So kommt es zu weiteren Zerwürfnissen und Trennungen. Zusätzliche Unordnung gelangt in verschiedene Schicksale hinein – wo umgekehrt bei einer harmonischen Gestaltung mitgeholfen werden sollte.

Wühlt uns etwas innerlich sehr auf, kann das schon Beleg genug dafür sein, dass ein Karmawalten vorliegt. Zuviel brauchen wir gar nicht zu wissen, ja dies kann viele Individuen noch konfuser machen.

Aber es sollte ein ruhiges Sich-Behaupten stattfinden, wodurch das Schicksal umgestaltenden Einfluss auszuüben vermag. Bloßes Abwimmeln ist auch unangebracht und führt dazu, dass uns später noch schlimmere Beschwernisse einholen. Bis in gravierende Krankheiten kann reichen, was aus einem Ignorieren des Karma resultiert.

Gar nicht so selten sind es Belastungen aus einer ganzen Reihe vergangener Inkarnationen, welche in unser jetziges Dasein einbrechen. Deshalb drohen auch im menschlichen Beziehungsleben intensive Wirrnisse. Manchmal genügt bereits als Frage, was die betreffenden Personen sich wohl angetan haben müssen.

Kolossales Unbehagen kann aufsteigen und Gefühle einer starken Zurückgeworfenheit erzeugen. Doch darf darin nicht passiv verharrt werden. Noch weniger sollte man sich übermäßig aufregen.

Stattdessen wären neue Schritte zu versuchen, um den sonst krankmachenden Schicksalsdruck auszuhalten. Freilich ist mit der jeweiligen Vertracktheit meist erst nach längerem Probieren besser zurechtzukommen. Hierbei mag als Einsicht hinzutreten, dass wir in einer Verkörperung bei weitem nicht all das korrigieren können, was durch einstige Nachlässigkeiten und Übertreibungen verursacht wurde.

Gerade die Erkenntnis, dass wir zusätzliche Leben benötigen, um gegenwärtiges Verstricktsein umzulenken, kann eine viel geduldigere Schicksalsannahme erlauben. Dennoch darf nicht allzu sehr geschludert werden, weil ansonsten noch massivere karmische Konsequenzen zu erwarten wären.

Je wahrhaftiger der Mensch eine ausgeglichene Seelenhaltung anstrebt, um so eher eröffnet sich die Möglichkeit eines Auflichtens heutiger Schicksalsdüsternisse. Ja das Blicken auf solche zukünftigen Erleichterungen kann uns Auftrieb geben, um momentane Verhängnisse leichter zu verkraften.

Echte Vorfreude auf zu erwartende Besserungen mag sich somit hinzugesellen und dasjenige besser verkraften lassen, was an mitunter recht komplizierten Gegensätzen in unsere jetzige Inkarnation hereinspielt. Diesbezügliche Widrigkeiten sollen wir zwar zur Kenntnis nehmen, jedoch ohne völlige Identifizierung hiermit.

Darin besteht die Schicksalskunst: Wir müssen Spannungen so ausbalancieren, dass sich überbrückende und voranleitende Eigenschaften bilden. Diese waren im bisherigen Karmaverlauf noch nicht vorzufinden.

Abgedrängtes kehrt wieder, Neues klopft an

Widersprüchlichkeiten, die wir irgendwie doch selber eingebrockt haben, dürfen uns keinesfalls stets mehr aufreiben oder in einseitige Festlegungen hineinreißen. Vielmehr sollte sich Ausgleichendes herausbilden.

Schon bei den Farben ist bekannt: Durch Polaritäten kann völlig Neues zutage treten, zum Beispiel das Grün zwischen gelb und blau.

Ähnliches tritt auch durch die Geschlechterunterschiede auf. Weil Frau und Mann so verschieden sind, kommen Kinder auf die Welt. Genauso können unsere Schicksalsgegensätze dasjenige erst zur Geburt bringen, was weiterführenden Charakter besitzt.

Mitunter müssen wir gegen voreilige Anpassungen auch Widerstand leisten, wie das ja aus dem Bereich der Elektrizität bekannt ist. Wird da zwischen positivem und negativem Pol ein Glühfaden dazwischengeschoben, so kann letzterer zum Aufleuchten gelangen. Direkt zusammengeschaltet gäbe es Kurzschluss.

Dementsprechend können tragische Schicksalsverläufe bei Menschen, die daran aufmerken, enorme Aktivierungen von bislang mangelnden Qualitäten hervorrufen. Eventuell wird aus der karmischen Dramatik genau das herausgeboren, woran wir in vergangenen Zeiten gefehlt haben!

Deshalb holen uns frühere Gegebenheiten wieder ein: damit wir nun hinzufügen, was einstmals versäumt blieb. Freilich kann vielerlei Wiederholung nötig sein, bis stimmigere Verhaltensweisen von uns angeeignet worden sind.

Erregt uns etwas zwischendurch zu sehr, wäre um so schneller auch einzusehen, dass wir vielleicht auf eine unpassende Ebene abgerutscht sind und einiges ziemlich danebenliegt. Allerdings braucht es dann meist noch ausreichenden Humor, um die Komik der jeweiligen Umstände anzuerkennen.

Desto leichter kann es sodann gelingen, sich aus Abwegigem herauszulösen und sinnvoller anzusetzen.

Verschiedene Menschen geraten leider dort gerne in ein Verkrampfen hinein, wo gerade ein Lockerlassen angebracht wäre. Mit bitterstem Ernst werden Fehler vertuscht, so dass ihnen nur sehr schwer zu entkommen ist.

Natürlich kann die Versuchung groß sein, Missgeschicken auszuweichen. Doch hilft das kaum, denn sie kehren mit um so stärkerer Penetranz zurück, je heftiger wir sie zunächst abgewiesen haben.

Einzelne Menschen betreiben dennoch ein Verleugnen, solange dies nur irgendwie möglich ist. Schließlich sind sie total in der Patsche, wo sich nichts mehr vormachen lässt. Häufig kann nur noch fremde Unterstützung helfen.

Solches in einer dankbaren Haltung zu akzeptieren, ist nicht selbstverständlich. Es gibt dünkelhafte Gemüter, die bis zuletzt meinen, dass andere für ihre Missgeschicke verantwortlich sind.

Bis da der stolze Hochmut bei gar nicht wenigen Personen wiederum abgelegt wird, muss sich mancherlei Schicksalskomplikation verstärken. Irgendwann ist jedoch die Betroffenheit infolge mannigfacher karmischer Erschütterungen groß genug.

Vorübergehend herrscht dann vielleicht eine schicksalsmäßige Ebbe – nachdem vorher eine kritische Mahnung nach der anderen abgeschmettert wurde. Die Flut ist vorbei, jetzt sitzt man auf dem Trockenen.

Bisweilen muss nun auf jene Menschen zugeschritten werden, welche zuvor überheblich abgefertigt worden sind. Das erfordert einen enormen Ruck, um den eigenen Seelenschatten zu überschreiten.

Meist erwächst eine Bereitschaft hierzu erst, wenn aber auch gar nichts sonst mehr nützt. Alles bleibt flau ohne genügende Seeleninitiative. Nun gilt es neu zugänglich zu machen, was wie versiegt ist.

Eingeholt sein können wir von manch einer Schicksalsflaute, sozusagen gestrandet wegen des vielfachen Zurückweisens. Um solch ein Abebben umzuwenden, bedarf es sehr langwieriger Versuche.

Hatten uns zunächst Bezeugungen des Karma geradezu überflutet, so scheint jetzt für einige Zeit alles zu mangeln. Wir haben mitverschuldet, dass nicht weniges gar noch von einer zähen Kruste verdeckt ist.

Einem geronnenen Schmerz kann sodann die karmische Erfahrung gleichen. Nachdem wir Ströme eines zu heftigen Schicksals abgewehrt oder auf andere Wesen umgelenkt haben – die deshalb eventuell in einer sehr umbrandeten Lage sind –, wird später zum Beispiel unter großen Verhärtungen gelitten.

Trotzdem kann auch dies einen tiefen Sinn haben. Hinter der Verkrustung mögen drastische, gar turbulente Umwälzungen beginnen. Sie sind auch dringend nötig, um abgewiesenen Schicksalsbezügen nachzuspüren. Allerdings sollte durchaus bewusstgemacht werden, wie vieles anderweitig in ein Mitleiden gezogen wurde. Weil recht häufig solches Schicksalsverweigern stattfindet, können bis in die Natur hinein gravierende Belastungen des Zukunftslebens auftreten.

Darum mag es zwar bitter sein, ein zeitweiliges karmisches Abgeschnittensein zu erleben. Durch schmerzliche Lähmungsgefühle können jedoch neue Seelenqualitäten entstehen.

Die Bereitschaft zum offeneren Zugehen aufeinander nimmt hoffentlich zu. Aufgrund eines zwischendurch richtig qualvollen Eingeschränktseins kann danach ein desto ungezwungenerer sozialer Austausch gelingen.

Momentane schicksalhafte Blockaden, auch Trennungsphasen können von entscheidender Bedeutung sein. Was zuvor unerträglich wurde, an das gilt es sich neu zu gewöhnen. Irgendwelche Altlasten waren da vorhanden, mit denen kaum mehr auszukommen ist, falls sie abrupt emporsteigen.

Ein Zurückgeworfensein durch die unverkennbare Macht eines Vergangenheitskarmas geschieht dann. Nur von einer Distanz her lässt sich wieder besser damit zurechtkommen. Ansonsten könnte solch ein schlimmes Außer-sich-Geraten geschehen, dass weit üblere Verhängnisse ausgelöst werden.

Zeiten des Getrenntseins helfen, erst mal mit sich selber in Einklang zu gelangen, nachdem ein intensives Miteinander uns zu sehr in Aufruhr brachte. Später können neue Annäherungen versucht werden, wobei weitere Verwandlungsschritte gefordert sein mögen.

Durchaus respektiert sein sollte das. Wo erneute Erregung sich zeigt, ist wahrscheinlich immer noch nicht die Zeit gekommen für ein Wiederverbinden auf einer weniger aufreibenden Grundlage. Diese muss eben erst geschaffen werden.

Solche Reibereien sind oft von viel Pein begleitet und dennoch auf längere Sicht förderlich. Wenn man hingegen schicksalsmäßig voreinander abtaucht und nur noch mit Telefon, Computer und ähnlichem elektronischem Gerät sich umgibt, kann alles Begegnen ziemlich behindert sein. Ein Wegschieben des Karma mag hiermit in Zusammenhang stehen.

Statt sich vom Schicksal so berühren zu lassen, dass es einem vorübergehend eventuell die Sprache verschlägt, tritt eine technische Überlagerung auf. Hinterher fühlt man sich eher in der Luft hängend – weil karmische Impulse geradezu abgetrieben worden sind.

Einen Feldzug sondergleichen gegen schicksalhafte Erlebnisse stellt das riesige Arsenal moderner technischer Medien dar. Es wird kommuniziert, ohne dass die Menschen tiefer miteinander zu tun haben.

Gigantische Bollwerke sind hier errichtet gegen schmerzliches Berührtsein vom Karma. Dieses möchte die Menschen zusammenbringen. Stattdessen werden Ferngespräche geführt und Televisionen betrachtet. Ein

Ausweichen vor konkreter Schicksalsberührung wird massenhaft vollzogen, weil diese so unbequem wäre.

Wenn Karma sich kundgibt, ist das kaum auszuhalten. Unser Wesen wird zutiefst aufgewühlt, so dass leicht unkontrollierte Reaktionen stattfinden. Oder wir fühlen uns fast erschlagen und haben deshalb Mühe, eine angemessene Methode des Umgangs damit aufzubieten.

Dies ist nun einmal typisch: dass Schicksalhaftes sehr anrührt. Was bisherige gekonnte Verhaltensweisen betrifft, sind wir aus dem Konzept gebracht. Etwas zieht in unser Leben ein, das es völlig umkrempelt.

Damit können wir nicht mehr leichtfertig spielen. Wo karmische Wirksamkeiten zur Entfaltung kommen, hat alles andere zurückzutreten.

Dabei muss zunächst offen gelassen werden, ob das eine vergangene Schicksalskundgabe darstellt, die noch einmal mächtig auftrumpft, bevor wir Ruhe davor haben. Oder es können sich neue karmische Impulse zeigen, welche erst ermöglichen, was zwar lange angestrebt worden ist, aber aus eigener Kraft allein nicht erreichbar gewesen wäre.

Häufig vermischt sich beides: Neues kommt uns nahe und Altes versucht eine Auflehnung dagegen. Wir sind sowohl angezogen als auch abgestoßen. Nun ist ein Ertragen der auftretenden Schicksalsspannungen gefordert.

Halten wir gelassen dem stand, was vielleicht auch wie ein karmischer Wirbel erscheinen mag, klärt sich manches von selbst. Mitgebrachte Schicksalsproblematik erfährt eine schnellere Lösung, weil zugleich eine helfende Bestärkung weiterführender Art beigesellt ist.

Wir müssen uns jedoch gut dazwischen behaupten, anstatt gegen Unerwünschtes anzukämpfen. Aufgrund eines ablehnenden Gebarens wird sonst auch abgeschmettert, was die zukunftsbezogene Komponente innerhalb unseres Gesamtkarmas ist.

Beides nimmt uns sozusagen in die Zange. Woran gefehlt wurde und was uns voranleiten will, dem begegnen wir gleichzeitig, zuweilen sogar in Gestalt derselben Personen.

Wird das eine nicht bejaht, geht auch das andere verloren! Wertvollstes ist da, aber Allerschwierigstes beigefügt. Wenden wir uns ab wegen des Empörenden, kann zugleich das Förderliche verworfen sein.

Unsagbar groß ist die Zahl der Menschen, welche sich aus solchen prüfungsvollen Phasen verabschieden in der Meinung, es wären die falschen Leute oder Gegebenheiten um sie herum. Als ob gewissermaßen vom Schicksal eine verkehrte Entscheidung gefallen sei!

Dabei treffen wir vorzüglich auf dasjenige, woran sich ein eigener Wandel am besten durchführen lässt!

Dadurch kann der Mensch erst zu jenen Aufgaben bereit sein, die im Sinne seines Karma sind. Abstoßendes gehört oft notwendig dazu.

Meist kreuzt vergangenes Schicksal genau dann unseren Weg, wenn wir wichtige neue Schritte der Lebensveränderung vorhaben. In dem Moment kommt Früheres hoch und will erlöst werden.

Umgekehrt gilt aber ebenso, dass wir nur durch wertvolle Zukunftsziele auch Kräfte erhalten, um karmische Vergangenheitsbelastungen auszugleichen – anstatt noch mehr darin verstrickt zu sein.

Letzteres ist am ehesten dann der Fall, wenn sich alles von uns nur darauf ausrichtet.

Deshalb braucht es eine Wechselbeziehung zwischen Altem und Neuem. Entweder wirkt sonst das Hinderliche zu sehr oder wir befassen uns zuwenig damit – und setzen undurchschaute alte Tendenzen in einem anderen Rahmen fort.

Wahrhaft Zukunftswürdiges entsteht im Grunde immer erst, wenn ich mich hin und her bewege zwischen neuen persönlichen sowie sozialen Ansätzen und einem Aufarbeiten von demjenigen, was aus einstigen Epochen nachhängt. Widmen wir uns dem, was bisher mangelte, erhebt sich meist auch schon, womit eine frühere Verfehlung zu tun hat.

Also bleibt nichts übrig als: das eine weiter anzustreben und vor dem anderen nicht davonzurennen. Neuem gegenüber sind wir häufig noch zu schwach oder zumindest unsicher im Umgang damit. Deswegen ist es sogar gut, wenn im Behaupten gegen ehemalige Zwänge genügende Seelenstärke erwächst.

Sich lediglich mit dem zu befassen, woran gefehlt wurde, könnte noch mehr Destruktivität hervorbringen. Aber auch das Meiden hiervon, um möglichst schnell etwas Neues aufzubauen, wird schließlich nur weitere Ungewissheiten erzeugen.

Denn im Krisenfall holt uns das ein, was wir vermeiden wollten. Deswegen macht dies auch viele Menschen so rasend. Jetzt ist exakt dasjenige geschehen, womit sie am wenigsten zu schaffen haben wollten.

Weil längst geheime Bande dazu existierten und darum eine solch heftige Abneigung waltete! Zuweilen ist auch eine zu intensive Anhänglichkeit ein Problem. Das deutet genauso auf frühere Überzogenheiten.

Walten allzu große persönliche Vorlieben und Zuneigungen, kann dies ebenfalls Vereinseitigungen aus vorigen Inkarnationen verraten. Etwas Unfreies war im Spiel, das nun nach Auflockerung verlangt.

Diesbezügliche Festlegungen im Schicksal, egal ob mehr abstoßend oder überschwänglich anziehend, rufen nach größerer Ausgewogenheit. Sonst verfallen wir stets wieder in eine unangebrachte Empörtheit respektive Vergötterung. Was einst übertrieben worden war, bedarf nun eines Mäßigens.

Somit enthüllt sich bereits, was zu den karmischen Zukunftsqualitäten gehören sollte. Da muss alles fragender sein, weg von unfreimachender Zu- oder Abwendung.

Weiterführendes im Schicksal ist oft nur andeutend. Es donnert nicht herein, sondern bleibt eher ein Hinweisen. Ungewohnt erscheint vieles, in überraschender Zartheit.

Hier ist nichts zu beherrschen und darüber lässt sich nicht verfügen. Das meiste bleibt ein Suchen oder Tasten. Wir verlieren fast alles wieder. Es gilt fortwährend darum zu werben.

Mit Kampf ist nunmehr kein Erfolg denkbar. Einzig liebevolles Anerkennen hilft noch, ja eine freie Bitte. Neuartiges im Schicksal entzieht sich jedem zwanghaften Besitzen. Zumeist ist es sehr unfertig und unbeholfen.

Mannigfaltige Einzelelemente müssen häufig zusammengetragen werden, bis diese sich ineinander fügen.

Kein Rivalisieren oder Übertrumpfen nützt etwas. Gegenseitiges Ergänzen leitet nur noch voran.

Jene Individuen, wo wir geneigt wären, einen Gegner in ihnen zu erblicken, haben eventuell zur Verfügung, was uns fehlt. Ihrer bedarf es also durchaus, obwohl sie uns größte Mühe bereiten mögen.

Schicksalsmäßig könnte dies nicht weisheitsvoller sein! Scheinbare Feinde brauchen sich vielleicht am dringlichsten. Gegenpole sollen kein Auslöschen bewirken, sondern einander zu einer Steigerung hinleiten.

Vorbereitung für schwierige Zeiten

Mich stellt erst einmal in Frage, was mir an karmischen Erlebnissen zugetragen wird. Ich habe daran allerlei Unstimmiges zu klären und muss neue geistige Fähigkeiten aktivieren, um damit zurechtzukommen.

Ziemlich behindert oder wie gelähmt fühle ich mich zunächst durch eine intensivere Schicksalsbegegnung. Als ob ein ganzer Berg auf mir lastet, so mag das mitunter verspürt werden.

Weltgewichte drücken auf mich. So etwas wie eine Atlas-Situation ist dies bisweilen, wo die Last der gesamten Erde zu wirken anfängt. Aus bloß eigenem Vermögen lässt sich solches überhaupt nicht verkraften.

Erforderlich ist unbedingt die Hinzunahme eines weltumfassenden Impulses, wie er im Namen des Christus vorgestellt werden kann. Das übersteigt jede bekenntnismäßige Einengung.

Mit dem Christus-Wesen ist eine Geistigkeit gemeint, welche die Erde insgesamt umfasst und uns mit allem verbinden kann. Zunächst mag nur in besonders lichthaften Momenten eine Ahnung hiervon aufkeimen.

Doch wenn wir bestrebt sind, die eigene Seele darauf auszurichten, zieht eine beständige Unterstützung in uns ein. Sie gestattet es, auch schwierige Karmaerfahrungen besser zu verkraften. Eine Weltengeistigkeit trägt dann alles mit, sofern unser Inneres sich dafür geöffnet hat.

Von der Schwere irdischen Leidens sind wir zwar tiefer denn je berührt. Häufig mag es nur eine einzelne Begebenheit sein, die uns schon umwerfend trifft. Dies ähnelt dem Christophorus-Erleben vom Tragen eines kleinen Kindes, das so schwer wird, dass deswegen ein Versinken droht.

Allmählich jedoch gelangt der Vorgang zu einer Umwendung. Stets bewusster wird erfahrbar, wie etwas unsere Wesenheit berührt, das sie aufrichtet und ihr unerhörte Stärkung zuleitet. Das Christushafte ist es, was unser gesamtes Dasein unterstützend durchdringt.

Lediglich in kleinen Schritten vermag der Einzelne sich dies anzueignen. Aber es wird stets unverzichtbarer. Jeder kann selber eine Mitverantwortung für das Ganze verspüren.

Dem, was mir hilft, komplizierte Schicksalsangelegenheiten zu bewältigen, darf ich durchaus entgegenstreben. Solche Lebensphasen, wo es mir besser geht, können dazu dienen, eine liebvolle Weltbeziehung auszubilden. Das bestärkt uns, wenn später mal kaum weiterzukommen ist.

Total verkehrt wäre es, einfach nur darauf zu warten, bis jemand von einem vehementen Schicksalsschlag eingeholt wird. Stattdessen sollten wir dankbar die günstigeren Zeiten nutzen, damit uns unangenehmeres Karma nicht schutzlos trifft.

Wer sich im guten Sinne vorbereitet, für den sind komplizierte Schicksalsetappen nicht nur leichter zu bemeistern. Sie können sogar erforderlich sein, um sich von manchem Widrigem zu lösen.

Ob uns eine schwierige karmische Konstellation erniedrigt oder wir an ihr wachsen, ist mitbedingt vom eigenen Vorbereitetsein. Wie schicksalsmäßige Mußestunden – sogenannte Freizeiten – verbracht wurden, das kann darauf einen nicht zu unterschätzenden Einfluss haben.

Verräterisch genug ist der Ausdruck: seine Zeit vertreiben. Später mag dann der größte Mangel bestehen. Sehr angebracht, ja unbedingt nötig sein kann dennoch, immer wieder erbauliche und erholsame Phasen einzufügen.

Daraufhin werden wir anders durch problematischere Lebensabschnitte schreiten. Diese bleiben nicht aus. Sie gehören so zu unserem Karma wie die Nacht zum Tag. Da kann für eine Weile vieles sehr düster erscheinen.

Oder wir befinden uns wie in einem Dickicht, wo ständig etwas den Weg versperrt. Ein langwieriges Sich-Durchkämpfen mag nötig sein. Hierfür braucht es wirklich große Kräftereserven.

Zuweilen ist alles wie vermauert oder wir stecken in so etwas wie einem Schicksalsloch. Dann bedarf es einer

Geduld, bis vielleicht ganz unerwartet sich fremde Hände ausstrecken und uns heraushelfen.

Auch übertragen kann dies gemeint sein in der Art eines geistigen Beistandes, der uns wieder Auftrieb gibt. Dadurch mag sich eine vermeintlich ausweglose Lage wieder öffnen.

Im Karma kann es auch Brüche geben, wenn irgendwelche Belastungen zu groß geworden sind. Menschen, die eigentlich ganz Entscheidendes miteinander durchzumachen hätten, müssen sodann getrennt vielleicht sehr viel Missgeschick erleiden, um über Umwege doch etwas von dem zu bewältigen, was im direkteren Begegnen nicht ausgehalten wurde.

Weit angebrachter wäre: sich im Beziehungsleben zurücknehmen und es nochmals versuchen. Das sollte überhaupt zur Schicksalskunst werden, andauernd um einen neuen Ansatz zu ringen.

Unangenehmes, ja Fürchterliches mag in einer Gemeinschaft dazwischentreten, so dass ein Zurückziehen nötig ist. Zum Glück folgen meist entspanntere Abschnitte, wo wir es miteinander leichter haben.

Zwischendurch mag sich ein Graben, gar eine Untiefe zwischen uns auftun. Das zu ignorieren, wäre ein unverantwortlicher Leichtsinn. Trotzdem ist es möglich, sich auf Abstand anzuerkennen und eine friedliche Koexistenz aufzubauen.

Bei zuviel Nähe würde man eventuell in einen Sumpf gezogen werden. Bleiben wir distanzierter, kann wieder ein gewisser Respekt entstehen. Und durch vermittelnde Personen mag schließlich eine neuerliche Überbrückung anfangen.

Mancher Schicksalsbruch kann so heftig sein, dass ohne zusätzliche Unterstützung kein friedliches Einigen mehr gelingt – jedenfalls nicht in dieser Inkarnation.

Später mag daran ein besonders starkes Aufwachen erfolgen, wodurch sogar wertvollere Fortsetzungen denkbar sind.

Allerdings gilt auch: Wenn ich etwas im einen Leben abweise, kann dies in einer folgenden Verkörperung mit größerer Wucht zurückkehren. Weiterhin mag das Problem sein, ob genügende Selbstbehauptung gegenüber dem gelingt, was sich als gesteigerte karmische Reaktion zeigt.

Äußerst heilsam ist es jedenfalls, sich solche Schicksalslektionen früh genug bewusstzumachen! Wogegen jemand zu sehr ankämpft, das fällt um so kräftiger auf ihn zurück. Gleich einem Bumerang wird das in die Zukunft geschickt.

Wer zuviel Menschen vor den Kopf gestoßen und sich mit unschönen Methoden von ihnen verabschiedet hat, auf den prasseln massive karmische Schläge nur so herein. Ein Hindernis nach dem anderen wird ihm vom Schicksal zwischen die Beine geworfen.

Solcherart vertrackte Lebensabschnitte oder ganze Biographieverläufe sind bekannt. Geradezu rettend könnte es deshalb sein, während den derartigen Verhängnissen vorzeitig aufzumerken und weiteres verheerendes Bekämpfen von Mitmenschen zu unterlassen.

Sobald echt geahnt wird, was wir uns da aufhalsen, wird auch die Bereitschaft rapide ansteigen, sich innerlich am Schopf zu packen und verdammende Einstellungen zu beenden. Ansonsten ist die Pein bei der nächsten Erdenrückkunft kaum auszuhalten.

Wohl tönt es sehr schön und bleibt auch ein hohes Ideal, dass der Mensch zum Selbstgestalter seines Schicksals werden soll. Bisweilen ist dieses so verfahren, dass allein gar nicht mehr weitergewusst wird. Ohne fremde Hilfe bleibt alles wie in einer karmischen Sackgasse stecken.

Auch dies kann zu einer wesentlichen schicksalhaften Lehre gehören. In der Welt ist letztlich alles auf Gegenseitigkeit gegründet. Wer sich zu sehr in eine Isolation treibt, dem fehlt irgendwann die Kraft zum Weiterkommen.

Mitunter müssen wir dennoch in Extreme hinein, auch oft von schwerer Krankheit begleitet, damit uns das Schicksal eine heilsamere Richtung beibringen kann. Es fügt ein Kontra hinzu, so dass doch zum verfehlten Kurs des eigenen Lebens zurückgefunden wird.

Recht hart, gar wie unerbittlich mag manchmal erscheinen, was unser Karma in den Weg stellt. Desto mehr Milde und Nachgiebigkeit sind es vielleicht, die wir leidvollen Lebenskrisen abgewinnen können.

Erst wenn das eigene Wesen sanfter oder verträglicher geworden ist, lässt uns eine bestimmte Schicksalsstrenge los. Stets wäre zu überlegen, ob wir selber allzu lange über die Stränge geschlagen haben beziehungsweise vieles schluckten, obwohl es völlig unzumutbar war.

Direkt rettend kann also sein, was oberflächlich gesehen als karmische Tragik gilt. Sehr leichtfertig wird bisweilen gesagt, alle guten Geister hätten jemand im Stich gelassen. Eventuell ist er just in diesem Zustand von den kräftigsten Resultaten ihrer Tätigkeit konfrontiert – um das nachholen und aufgreifen zu lernen, was infolge mannigfacher Versäumnisse verlorengegangen wäre.

Lange sabotierte Schicksalsbezüge melden sich vielleicht mit einer Vehemenz zurück, von der wir uns nicht hätten träumen lassen. Daraufhin mag jenes Individuum wie ein Bettler sein, das einstmals sehr stolz zahlreiche mitmenschliche Angebote abwies oder manche hilfreiche Geste missbrauchte.

Desto inniger muss auf freundliche Schicksalszeichen gewartet werden. Mögen diese auch unscheinbar sein, können sie plötzlich große Bedeutung in sich bergen.

Überhaupt ist dies eine allgemeine Tendenz, dass das Wesentliche im Schicksal nicht spektakulär oder tumultarisch auftritt. Es erscheint als höfliche Anfrage und freilassender Wink. Wer da nicht aufmerksam genug war, hat wahrscheinlich schon manche entscheidende Gelegenheit für sich verpasst.

Generell kann von einem Schwächerwerden vorgegebener Schicksalsbahnen die Rede sein. Nicht dass die karmischen Impulse ausbleiben. Sie arbeiten wie die Rhythmen des Kosmos selber in einer unvergleichlichen Stetigkeit und Treue. Schließlich sind darin jene Geistwesen tätig, welche sich mit den Schöpfungsursprüngen verbinden.

Wie das jedoch bei uns ankommt und was wir daraus machen, ist weniger festgelegt. Demgegenüber wollen ahrimanische Widersacher einen fesselnden Einfluss auf Menschenschicksale haben. Unsere äußere Lebensweise soll immer stärker davon bestimmt sein.

Umgekehrt waltet in uns eine stets größere Überempfindlichkeit oder gar seelische Allergie gegenüber tieferen karmischen Verantwortungen. Mit diesen wird oft in sehr luziferischer Willkür umgesprungen. Was einem nicht behagt, bleibt unbeachtet oder erfährt eine groteske Umdeutung.

Schnell werden Individuen gemieden, wo unbequeme Schicksalsherausforderungen vorliegen könnten. In höchst wankelmütiger Manier wird mit karmischen Bezügen umgegangen, sowohl was soziale Angelegenheiten betrifft als auch besondere Geistesqualitäten.

Sehr leicht brechen dann menschliche Bande oder es werden bedeutendste soziale und spirituelle Ergänzungen unseres Tuns verworfen. Ein riesiges Chaos ist so in das Schicksalswalten eingedrungen. Verwirrende Aufgewühltheit herrscht häufig vor.

Sich deswegen wild zu empören, nützt überhaupt nichts. Durch aufgeregte Emotionalität werden die Konfusionen im Karma nur schlimmer. Um so wichtiger ist gerade, ein ruhiges Schicksalswahrnehmen anzustreben.

Angegriffene und geschwächte karmische Verhältnisse erfordern eine weit intensivere Erkenntnisbemühung. Im Zusammentragen von Urteilsgrundlagen sollten wir regsamer sein denn je, aber ohne alles voreilige Kombinieren.

Gar nicht so selten kommt es vor, dass jemand mit Wesensanteilen von einer anderen Individualität zu tun hat und nachtodlich beziehungsweise vor der Geburt in fremde Schicksale eingetaucht ist. Dadurch kann etwas wirken, das keineswegs mit der eigenen Identität verwechselt werden darf.

Wer oberflächlich spekuliert, kann üble Verwirrung stiften. Er mag die Schicksalsunordnung noch zusätzlich verschärfen. Geübt werden sollte hier, sich urteilsmäßig zurückzuhalten und lieber abzuwarten. Die Karma-Verläufe geben selber eindeutigste Antworten dahingehend, was miteinander zusammenhängt oder womit vorsichtiger zu verkehren wäre.

Sonst nimmt das Schicksalschaos nur zu. Wir bilden uns allerlei Verkehrtheiten ein, welche das abstoßen, was sich suchen sollte. Oder es geschieht eine solche Einmischung in anderweitiges Karma, dass dieses enorm verkompliziert wird.

Sehr wohl sind ernsthafte Erhellungen von Angegriffenheiten und Blockaden im Schicksal notwendig. Gleichzeitig müssen wir äußerst wach sowie behutsam sein, um nicht durch Fehlreaktionen alles noch zusätzlich durcheinanderzubringen.

HERAUSFORDERNDE
KARMISCHE LANDSCHAFTEN

Tiefer gesehen haben wir stets erstrebt, was uns begegnet. Doch wie alles im einzelnen abläuft, ist voller Ungewissheit. Die passende Reaktionsweise muss jeweils erst gefunden werden.

Das heißt, ich kann nicht einfach warten, was mein Karma mit mir vorhat. Dann geschieht wenig oder es walten ganz andere Schicksalsverläufe.

Ich muss schon selber etwas einbringen. Darauf ergibt sich manche schicksalhafte Erwiderung. Je entschiedener unser Vorgehen ist, um so energischere karmische Antworten mögen folgen. Sie können die eigenen Handlungen bestärken oder hemmen.

Darauf sollten wir dennoch gespannt sein. Weder gilt es einfach abzuwarten noch gar sich durchzusetzen. Ein Mitgestalten durch die Schicksalskräfte ist wesentlich. Wie sie an unserem Bemühen mitformen, dies bringt weiterführende Handlungsschritte hervor.

Das Schicksal prüft uns. Ist etwas dran an unseren Vorhaben? Wo sind Korrekturen erforderlich? Was wäre zu ergänzen? Ein unbesonnenes Reagieren kann genauso falsch sein wie zuviel Zögerlichkeit.

Nicht jede Prüfung ist sogleich zu bestehen. Manchmal kann sogar ein gewisser Aufschub nötig werden. Die neuen Herausforderungen mögen um so drastischer sein. Deshalb gilt es sich vorzubereiten und einem vorherigen Versagen bestmögliche Lehren abzugewinnen.

Karma hat immer auch mit Selbsterforschung zu tun. Sogar wenn mich etwas fast umwirft, kann es eine große Bedeutung besitzen. Was habe ich vielleicht zuvor leichtfertig oder überheblich abgeschmettert? Nun holt mich die Retourkutsche ein.

Meine gesamte Existenz kann durcheinandergeschüttelt werden und mächtig erbeben. Bloß nicht in Panik oder Rage geraten! Oft braucht es eine Weile, bis ich wieder mein Gleichgewicht gefunden habe.

Dadurch bildet sich ein ganz anderer Halt oder Grund im eigenen Innern, karmisch gefestigt sozusagen. Das Schicksal hat mich gewogen und meine Standhaftigkeit bekräftigt. Oder diese ist erst auf sicherere Art zurückzuerobern.

Entweder bin ich in der Lage, sogleich ausgleichend zu reagieren – wahrscheinlich weil bereits einiges gelernt wurde aus ehemaligen Schicksalserfahrungen. Oder dies muss nachgeholt werden. Eventuell braucht es auch ein Aufgreifen von Hilfen durch fremde Personen, bis wiederum ein eigenes Aufrappeln gelingt.

Schicksalhaftes gibt sich in der Gesamtheit unserer sozialen Verwobenheiten kund. Es hängt mit dem zusammen, was hierbei unsichtbar an anziehenden oder auch abstoßenden Kräften wirkt.

Nach intensiveren Erlebnissen kann es mal gut sein, in aller Stille anzuschauen, wie unsere Bezüge mit der Welt geartet sind. Als eine zwischen uns webende Schicksalslandschaft lässt sich das charakterisieren.

Da treten manche Unebenheiten auf, auch Gräben, sogar Abgründe. Einiges kann unwirtlich erscheinen, anderes eher einladend. Verschiedenste Wege aufeinander zu mögen existieren, jedoch nicht wenige Hindernisse dazwischen.

Diese verborgene karmische Landschaft sieht für jeden Menschen etwas anders aus. Doch sind vielerlei verwandte Elemente vorhanden. Und unser Tun, aber auch schon ein Einstellungswandel hat einen verändernden Einfluss darauf.

Auf geistige Art umgeben uns die Schicksalsbezüge, sind aber einflussreicher als vieles sonst. Was dem Menschen entgegentritt, steht überwiegend in ihrem Dienst. Letztlich ist das ganze Weltenwerden ein Ausdruck davon.

Wir müssen uns nur irgendwo aktiver einbringen, schon fangen Schicksalsumstände an zu sprechen. Es offenbart sich, was als karmischer Umkreis mit unserem Wesen zusammenhängt. Daran ist dann weiterzuarbeiten.

Zumeist ergibt sich karmisch etwas, das unser eigenes Denken noch nicht fassen kann oder will. Vom Schicksal kriegen wir in den Weg gestellt, woran alles bisherige Auffassen eine entscheidende Ergänzung erfährt.

Durchs Karma bekommt jedes Individuum beigebracht, was dieses kaum sehen oder hören wollte – obwohl es zutiefst damit zu schaffen hat. Deshalb macht uns das solche Mühe!

Eigentlich wissen wir genau Bescheid. Trotzdem sträubt sich unser Wesen, eben weil das Karma solch umwälzende Qualitäten beinhaltet. Es erschüttert aufgrund seiner Prägnanz.

Mehr als alles andere geht uns dies an, meist zu sehr. Ertragen lässt sich das Schicksalserleben nur durch meditative Gefasstheit. Sonst wühlt vieles die Seele übermäßig auf.

Wo Karmisches sich kundgibt, können wir völlig überwältigt sein. Der Mensch droht außer sich zu geraten oder ist seelisch wie umgeworfen davon. Nur allmählich gelingt ein Anfreunden.

Diejenigen, die hiervon betroffen sind, müssen auch neu um ihr gegenseitiges Verhältnis ringen. Alles ist einer Probe unterzogen und verwandelt weiterzuführen. Manches kommt sich erst richtig nahe, das vorher in so etwas wie einen Schleier gehüllt war.

Anderes lässt sich nur auf Abstand ertragen, weil solch Belastendes spürbar ist. Das kann nicht einfach weggewischt werden, sondern verlangt ein langwieriges Überwinden. Ansonsten geht eine Beziehung völlig in die Brüche – was leider des öfteren eintritt.

Aus einer gewissen Vorahnung heraus wird Karmisches zunächst gern ignoriert. Unser Leben soll lieber nach bequemen und eleganten Vorstellungen gestaltet sein. Das schiebt intensivere Schicksalserfahrungen häufig eine Weile hinaus – bis es dann zu einschneidenderen Krisen kommt.

Desto verletzender und niederträchtiger kann sein, was im Konfliktfall hervorplatzt. Vielfach wird noch weiterzumachen versucht wie zuvor. Aber das ist stets überfordernder oder auch ablähmender. So rächt sich ein aufgeschobenes Bearbeiten des Schicksals.

Im Grunde möchte dieses helfen, unser Leben neu zu richten. Doch das müsste möglichst locker und gelassen, sowohl einsichtig als auch kreativ aufgegriffen werden.

Eine liebevolle Anfreundung ist vonnöten, nicht irgendein Bekämpfen.

Vor allem dürfen wir nicht völlig in uns versponnen sein. Wer bloß persönliche Vorlieben pflegt, für den wird sein Karma irgendwann zum größten Stolperstein. Rein egoistische Befangenheit bringt am jämmerlichsten zu Fall.

Anmaßendes individuelles Wunschgetriebensein holt sich selber wieder ein. Jene, die stets nur eigene Interessen verfolgten, mögen oft am meisten fremden Beistand benötigen.

Allerdings kann ähnliches für diejenigen Menschen gelten, welche sich zu sehr für andere aufgeopfert haben. Irgendwann sind sie darauf angewiesen, dass etwas Unterstützendes zurückkommt.

Solche Tendenzen wechseln manchmal innerhalb einer Inkarnation. Sie können sich auch durch verschiedene Leben ziehen. Jedenfalls haben hartnäckige Schicksale ihre tieferen Ursachen.

Der eine Mensch hat sich unsagbar zu mühen und es scheitert immer wieder etwas. Einem anderen hingegen fällt vieles scheinbar ohne jede Anstrengung zu. Für alles wurden Saaten während vorheriger Verkörperungen gelegt. Manches wird erst in einem späteren Erdenleben richtig zur Entfaltung gelangen. Was an mich herantritt, ist stets eine Erwiderung auf etwas, das ich vorher in die Welt geschickt habe.

Nichts geschieht von ungefähr. Alles hat seine Entsprechungen. Wie ich in die Welt hineinrufe, demgemäss tönt mir mancherlei entgegen.

Freilich tritt das nicht immer so auf, dass es mir gefällt. Vielmehr zeigt sich, wie unsere Handlungen von höchsten Geistwesen aufgenommen und zurückgelenkt wurden.

Was immer wir vollbringen, die Welt liefert dazu von sich aus ihren lebendigen Kommentar. Der ist nicht immer angenehm, ja er kann mitunter äußerst leidvoll sein. Und doch hat alles seine Bedeutung.

Einerseits zeigt Leid an, dass ein gesundes Gleichgewicht verloren wurde. Etwas stimmt nicht mehr mit der Welt überein. Deshalb ist eine schmerzvolle Spannung oder sogar Gegensätzlichkeit zu erfahren.

Zum anderen aber beginnt schon eine Umwendung. Wo gelitten wird, ist bereits das Zeichen für einen heilenden Ausgleich gegeben. Um letzteren ist aber häufig lange zu ringen, bis irgendwelche Unstimmigkeiten überwunden sind.

Solches betrifft keineswegs bloß organische Leiden. Auch im Zwischenmenschlichen und sonstigen Weltverhältnissen gegenüber kann das Individuum vom Schmerz getroffen sein. Dieser verlässt uns wieder, wenn die betreffenden Angelegenheiten eine Besserung erfahren.

Schicksalsschläge können bisweilen mit einer Wucht auftreten, dass sie uns nahezu erdrücken und dies kaum fassbar ist. Dennoch sollte hierbei überlegt werden, was an Unannehmlichkeiten abgewiesen gewesen sein mag – weshalb sich dies zu solch einem heftigen Ereignis angesammelt hat.

Zahlreiche kleine Schicksalsnegationen können eine kolossale Auswirkung zeitigen. Statt sodann nur tückische Umstände anzuklagen, wäre lieber zu überlegen, wie vielen unbequemen Situationen ausgewichen oder was gar auf Mitmenschen an Belastungen abgeladen wurde.

Wer hingegen sich nicht drückt vor mit manchem Leid verbundenen Lernprozessen und Wandlungsschritten, mag gewappnet sein gegenüber mächtigen schicksalhaften Erschütterungen. Er ist letzteren eher gewachsen.

Bereits als Kind braucht es mitunter ein leichtes Verbrennen an einem heißen Ofen oder eine sonstige kleinere Verletzung, um geschützt zu sein vor größerem Leichtsinn. Ähnlich müssen wir wohl des öfteren auf hartnäckigere Schicksalskonstellationen stoßen, um ihnen mit mehr Vorsicht gegenüberzutreten.

Allerdings haben nicht wenige Menschen einen unsichtbaren dicken Pelz angelegt und verleugnen selbst penetrante karmische Signale. Auch stürzen sie sich in blinde Geschäftigkeit sowie mannigfaltige Zerstreuungen, um ja nicht irgendein heikles Pochen des Schicksals zu spüren.

Wären die betreffenden Personen wahrhaftiger, könnten sie erkennen, dass ein erheblicher Teil ihres Machertums sowie unzähliger technischer Ablenkungen mit einem Abdrängen oder gar Abtreiben karmischer Herausforderungen zusammenhängt. Hinterher fragen sie sich eventuell, warum so viel Isolation und Deprimiertheit existiert.

Dabei hat man sich dies wahrscheinlich selbst zubereitet. Jene, die wichtige Partner sein könnten, wurden vielleicht systematisch abgefertigt. Insofern braucht sich niemand zu wundern, wenn mitunter etwas wie eine Schicksalspathologie waltet.

Solange wir die Anfragen des Karma überhören und verstoßen, muss es uns nicht erstaunen, wenn so vieles im irdischen Dasein missrät. Auch größere Weltzusammenhänge leiden zusehends unter dem, was durch verleugnete Schicksalsimpulse ausgelöst wurde.

Pocht das Schicksal an die Lebenspforten, kann unser Empfinden durchaus jenen Zuständen sehr verwandt sein, welche Gesundheit und Krankheit betreffen. Mal sind wir ganz entzückt und meinen, wie im Himmel zu schweben aufgrund eines beglückenden Zusammentreffens. Dies kann sich bald wieder umwenden, auch mit denselben Persönlichkeiten verbunden. Schon wird gemeint, fast in der Hölle zu schmoren.

Aus bewusster Freiwilligkeit sollte das jedoch zunehmend gehandhabt werden, statt dass der Körper etwas auferlegt. Selbst auf widrige Gefühlslagen wäre immer gesünder zu reagieren.

Falls uns im Miteinander etwas aufstößt, können wir wohl unser Verhältnis dazu verändern – ohne jedoch bloß Anklagen ans Gegenüber zu erheben.

Unser eigener Organismus nimmt fortwährend Nahrung auf und sondert das meiste wieder ab. Nur deshalb vermag er sich kontinuierlich zu erneuern. Ähnlich sollten wir das andauernde Hin und Her im sozialen Beziehungsbereich akzeptieren lernen.

Beträchtliche Brocken fördert das Karma allmählich oder sehr abrupt zutage. Das haben wir dann zu verdauen! Es kann in der Tat häufig nur in kleinen Portionen gelingen.

Darum ist eine vernünftige Erkenntnis des Karma so wesentlich. Ein Annehmen kann nicht bedeuten, alles völlig passiv zu erdulden, was vom Schicksal sozusagen aufgetischt wird.

Dass wir einen Mitmenschen lediglich eine Weile ertragen und daraufhin wieder Distanz vonnöten sein kann, das tritt nun häufig auf. Keine dramatische Trennungsschlacht muss deswegen ablaufen. Es bezeugt sich jedoch eindeutig, wie sehr da Schicksalhaftes aufgebrochen ist.

Zwischenzeitliches Zurückgeworfensein stellt etwas Notwendiges und Gesundes dar. Nicht ein Scheidungskrieg ist angesagt, aber eine gewisse Beziehungspause. Ansonsten könnten wir daran beinahe ersticken.

Heilsam, ja unverzichtbar für jeden Einzelnen wäre, sich klarzumachen, dass durch die früheren Inkarnationen nicht selten sehr Belastendes angesammelt wurde, was irgendwann hervorbrechen muss. Gut weitergehen kann es mit uns nur, wenn wir damit wieder besser in Einklang gelangen.

Von allein sich großartig regelnde Schicksale sind kaum noch beobachtbar. Dies waren besondere Göttergeschenke, die wir zunehmend aufgezehrt haben. Jetzt müssen durch uns selber wesentliche Beiträge geleistet werden, um eine harmonischere Karmagestaltung zu erreichen.

Material hierfür haben wir aufgrund weltumfassender Begegnungsmöglichkeiten mehr denn je verfügbar. Doch muss ein um so gezielteres eigenes Bemühen hinzutreten. Dadurch ergeben sich weiterführende Schicksalsqualitäten.

Fragmentarisch tritt vieles zunächst auf. Das resultiert aus mancherlei, was in früheren Leben begonnen und wieder fallengelassen wurde. Beachten wir es zuwenig, kann sich neuerliches Scheitern daraus ergeben.

Aus Unvollkommenem, das aus vorherigen Inkarnationen anzutreffen ist, vermag Wertvolleres zu entstehen. Freuen dürfen wir uns dann trotz dieser Unaufgeräumtheiten. Um so reichere Ergebnisse können sich in der Zukunft einstellen, je positiver auf solche Angebote des Karma reagiert wird.

Vom Schicksal ist stets seltener zu erwarten, dass es uns verwöhnt. Wir werden mehr gebraucht als jemals zuvor. Dass sich so mancher Mensch einstens danebenbenommen hat, ist keineswegs abgetan. Deshalb gibt es zukünftig recht viel zu tun.

Doch müssen wir uns davon konfrontieren lassen, statt voller Abscheu auszuweichen. Denn wird das Unfertige zusätzlich verworfen, entziehen sich vielleicht jene Wandlungsimpulse, welche nötig wären, um den geeigneten Zukunftskurs einzuschlagen.

Wo solche Wendungen im Karmaverlauf abgewiesen werden, erschwert dies die eigene und gemeinsame Fortentwicklung. Indem wir umgekehrt akzeptieren, dass das Schicksal überwiegend bloße Bruchstücke vermittelt, kann unser Arbeitseifer eher angespornt sein.

Ein Üben ist dies, wo durchaus höchste Geistgehalte gebraucht sind. Stets inniger verwoben sein sollten wir damit. Ohne dass jedoch in passender Weise auch mit dem Ungenügenden gerungen wird, müsste uns in späteren Zeiten etwas Wesentliches fehlen.

Also bedarf es einer Anfreundung mit dem scheinbar Unliebsamen. Dadurch werden Seeleneigenschaften ausgebildet, die erforderlich sind für eine ausgewogenere Zukunftsentfaltung. Was früher vernachlässigt oder abgeschoben gewesen ist, verlangt nun wichtigste Ergänzungsschritte von uns.

Nicht grandiose Abschlüsse, sondern bescheidene diesbezügliche Neuanfänge sind das Interessantere fürs Voranschreiten. Wenn etwas allzu einfach erscheint, hat es weniger zu bedeuten. Worum wir uns vielmals zu mühen haben, daraus entsprießen ganz andere Impulse, die für kommende Evolutionsetappen benötigt werden.

Deshalb sollte die Seele durchaus frohgemut bleiben, auch wenn unsere Bemühungen mal ins Stocken geraten. Sie sind noch zu schwach beziehungsweise es existieren massive Widerstände dagegen. Ein mehrfaches Wiederansetzen lässt mit der Zeit jene Kräfte erwachsen, aus denen sich wahre Zukunftsstärke ergibt.

Irgendwelche Gegenwehr sollte nicht schrecken. Eine Bewährung kann daran geschehen sowie ein Überwinden vorhandener Schwächen. Wäre etwas zu leicht gelungen, hätte uns bald nachher eventuell ein desto tragischeres Abirren eingeholt.

Insofern kann vermeintliches Scheitern sogar einen Schutz bedeuten. Falls schnell zu erreichen gewesen wäre, was wir anstrebten, hätte uns vielleicht zuviel Ehrgeiz und Eigendünkel begleitet. Irgendwann müsste das in fürchterliche Sackgassen führen.

Aus denen hätten wir kaum herausfinden können. Wenn uns stattdessen manches solange misslingt, bis seelische Überzogenheiten und Zwänge ausreichend bemeistert sind, kann dies geradezu ein Schutz sein.

Obwohl wir lange keinen direkten Erfolg erleben, mag dennoch ein Segen darauf liegen. Scheinbar vergebliches Bestreben ist in Wahrheit äußerst heilsam. Unser Wesen hat Neigungen abzumildern, welche ansonsten zu unbezähmbaren Lastern ausgewuchert wären.

Auch wenn unser Schicksal vorläufig einiges zum Stoppen bringt, kann es gnädig gesinnt sein. Ein vermeintliches Stagnieren dessen, womit uns ein falscher Eifer verbindet, ist durchaus hilfreich. Mitunter verhindert dies das Hineinschlittern in heikle Tendenzen, die eventuell katastrophale Auswirkungen haben.

Versteckte, aber deswegen nicht minder fatale Machttriebe mögen abzulegen sein, bevor uns bessere Eigenschaften weiter begleiten können. Allerschrecklichste Anfälligkeiten müssen überwunden werden, weil wir sonst irgendwann davon beherrscht sind.

Was wie ein momentanes Verhängnis gilt, mag umfassender gesehen dennoch eine gütige Geste des Karma darstellen. Der Gang durch eine Ohnmacht kann dazu dienen, dass sich verkehrte Absichten von uns lösen, welche ausweglose Niederlagen heraufbeschworen hätten.

Seien wir nicht erbost, wenn Lebensphasen durchzumachen sind, wo kein Schicksalsglück auf unserer Seite zu stehen scheint. Von oberflächlichen Betrachtungsweisen sollte Abschied genommen werden.

Besser verstanden vermag hier ein allerintensivstes Karmaschaffen einzugreifen, wodurch neue Öffnungen auf unserem Lebensweg sich zeigen. Plötzlich sind wir aufgeschlossen für Menschen und Situationen, an denen zuvor geschäftig vorbeigezogen wurde.

Angebliche Schicksalspein entpuppt sich sodann als ideale Vorbereitung, um offener zu sein für entscheidende Begegnungen in unserem Leben. Sie wären andernfalls unbemerkt geblieben.

Wahrscheinlich hätte uns gestört, was als Schicksalswende auf uns zustreben wollte. Solange der tiefere Blick dafür fehlt, wird mancher karmische Einschlag abgeschmettert.

Eher bockig oder ziemlich verbiestert reagieren nicht wenige Menschen dann, wenn die Schicksalssprache genau sie betrifft. Voller Empörung wird das abgelehnt: Damit kann ich doch nicht gemeint sein!

Im Verborgenen ist meist ein recht deutliches Gespür da, dass exakt dasjenige eintraf, was geahnt wurde. Durch das Auflehnen verschärft sich die eigene Problematik meist noch.

So werden etwa zum Ankämpfen gegen eine bestimmte Krankheitssituation nicht selten Mittel und Methoden benutzt, welche das Leiden verschlimmern. Insbesondere bei der Krebskrankheit kann dies ziemlich offensichtlich sein.

Hier müsste ganz ehrlich darüber gesprochen werden, dass wir mit einem Schicksalsleiden konfrontiert sind, welches unsere kritische Zeitlage insgesamt veranschaulicht. Die Lebenszusammenhänge verfallen. Etwas wuchert aus, das letztlich den Weg verstellt und den Menschen auf sich selber zurückwirft.

Davor besteht große Furcht: von den Folgen irgendwelcher individueller sowie allgemeinerer Verfahrenheiten unmittelbar getroffen zu werden. Maßgeblich sollte jedoch sein, nicht noch gegen das Auswuchernde loszuwüten, vielmehr sich hiervon abzulösen.

Vom Verfallenden wieder freizukommen, wäre die eigentliche Heilaufgabe. Dann könnte dasjenige isoliert werden oder gar hinschwinden, was in verkehrtem Sinne ausgeschert ist – und dem durch falsche Anhänglichkeiten beziehungsweise Angstgefühle noch Nahrung gegeben wurde.

Verhängnisvolle Fehlidentifizierungen sind ein Grundproblem unserer Epoche überhaupt. Der Mensch ist ausgeliefert an Negativitäten, welche andere oder er selber in die Welt gesetzt haben. Wenn etwas zurückschlägt, will man nichts davon wissen oder meutert dagegen an.

Zuviel Selbstbezogenheit macht blind. Dann steigert sich das Verderbliche noch. Befreiend und gesundend kann stattdessen ein gelassenes Anerkennen des Karma sein. Häufig ist das nur mithilfe von Personen zu erreichen, die einen neutraleren Blick auf mehr oder weniger offensichtliche Schicksalszeichen besitzen.

Ohne wahrhaftigen, bisweilen energischen, auch ausdauernden Beistand durch Mitmenschen ist es kaum möglich, sich von Fehlhaltungen zu lösen. Der aktive Austausch mit ihnen kann unverzichtbar sein, weil sonst zuviel vorgetäuscht oder negiert wird.

Fremde Einschätzungen sollten auch ernstgenommen werden, wenn sie nicht so angenehm sind. Das kann bereits der Beginn eines Umarbeitens einseitiger karmischer Fixierungen sein. Mag dies zeitweilig schmerzen, so ist es dennoch eine gesunde Prozedur.

Wer hingegen sich nur abwendet und zumacht, kann bald noch mehr an schicksalsmäßige Einseitigkeiten gefesselt sein. Häufig wird sogar versucht, sonstige Individuen mit hineinzuziehen.

Karmische Sektenphänomene sind so zu erklären und leider mannigfach beobachtbar. Man will mitgebrachte Sonderinteressen verstärken. Um nicht ihre Unzulänglichkeit wahrzunehmen, sollen möglichst zusätzliche Anhänger gewonnen werden.

Auch das verhindert ein gesundes Schicksalsbewältigen, welches stets auf Ausgleichendes hinzielen sollte. Wenn demgegenüber problematische Neigungen gesteigert und dafür noch möglichst Mitwirkende gesucht werden, sorgt dies für fortgesetzte Pein sowie mannigfaltiges Zersplittern.

Gelangen persönliche Eigenheiten unbefangen zur Kenntnis, hat das schon seine guten Seiten. Wenn streng beachtet wird, wo unsere jetzigen Grenzen liegen, merken wir auch bald, was hinzutreten sollte.

Übergeordnete Ergänzungen gilt es anzusprechen, um karmische Spezialtendenzen richtig einzugrenzen. Sie dürften niemals gewalthaft bekämpft werden. Das intensiviert vielmehr noch ihre Problematik.

Meist gilt es sich mit dem anfreunden zu lernen, wogegen erst einmal instinktive Abwehr aufgetreten ist. Letzteres kann – bei geisteswacher Selbstbeobachtung – ein Beleg sein, wie nötig mancher Schicksalsgegensatz sein mag. Freilich darf da jemand nicht allzu überheblich sein.

Mit liebevoller Zuwendung zu begleiten, was einen aufwühlt oder gar anwidert, gehört ganz elementar zum

Karmaüben dazu. Wir müssen bejahen lernen, was das Schicksal uns an Lernmaterial präsentiert. Dies kann ein wichtiger Schritt sein, um nicht irgendwelchem Hochmut anheim zu fallen.

Schicksalsbejahung ist ein Heilmittel in bezug auf allerlei Überheblichkeiten. Mit der Zeit kann sogar eine Liebe zu dem erwachsen, was als karmischer Gegenpol auftritt. Es hätte nicht besser arrangiert sein können, damit verhindert wird, dass wir uns in billige Ausflüchte hineinverlieren.

Lässt sich der Mensch nur von individuellen Vorlieben tragen, so kommt er nie voll auf den Boden. Schicksalspolaritäten sind es, welche ihn erst richtig ins Erdenwirken hereinholen. Freilich droht ihn gleich wieder vieles zu überwältigen.

Nicht schreckhaft erstarren dürfen wir vor der massiven Realität des Karma. Kreative Beweglichkeit ist nötig, um sich weder an ungeklärten Schicksalsherausforderungen vorbeizumogeln noch von ihnen gebannt zu werden.

Eine innere Begeisterung dürfen wir nicht verlieren. Sie soll auch keineswegs zu ungestüm entbrennen, sondern uns stets neu motivieren – um nicht müde zu werden im Hinblick auf ein Abtragen schicksalshafter Komplikationen.

Dafür braucht es eine langwährende Geduld, einem fließenden Gewässer ähnlich. Dieses vermag schließlich ganze karmische Landschaften zu ändern. Es meistert irgendwann stärkste Widerstände.

Ohne ein Geistesfeuer, das uns hierbei antreibt, werden wir jedoch gar nicht zu den wesentlichen Karmabezügen hingeleitet. Sie sollen uns gewissermaßen aus dem Schicksalsschlaf rütteln. Sonst siegt die Zähigkeit bloßer Lebensroutine immer wieder über uns.

Um den Schicksalsimpulsen gegenüber nicht einzuschlafen, bedarf es einer inneren Feurigkeit. Die irdischen Gewohnheiten sind außerordentlich zäh und wollen alles verwässern.

Darum brauchen wir unbedingt begeisternde höhere Antriebe, um nicht in äußerer Routine zu versacken. Allerdings sollte das nicht zur Fehleinschätzung führen, unser Karma sei voller Launen und Tücken. Dies erscheint nur so beim oberflächlichen Betrachten.

In Wirklichkeit gibt es nichts Exakteres als die schicksalsmäßigen Abläufe. Die Reaktionen des Menschen sind jedoch oft sehr willkürlich. Er urteilt nach dem, was ihm gefällt oder ihn erschreckt. Übersehen wird zumeist, wie bitter nötig manche karmische Hürde sein mag. Andernfalls geraten wir auf abwegige bis zerstörerische Bahnen.

Der Mitmensch rüttelt auf

Segensvoll ist das Schicksal in dem, was es uns abfordert. Manche Härte, auch bis hin zu Gesundheitskrisen und sozialen Differenzen, verhindert dennoch, dass wir in allzu belastende Verhältnisse hineingeraten. Unser Oberbewusstsein mag dies zwar bezweifeln. Von einer verborgenen Lebensweisheit her wurde solches trotzdem so gesucht.

Zuweilen bringt das Karma mit Wucht zurück, was wir einstmals abgeschmettert haben. Deshalb macht uns einiges dann solche Mühe, weil selber heftig dazu beigetragen wurde.

Vielleicht sind auch ganz sanfte Hinweise mehrfach unbeachtet geblieben. Darum bedarf es zahlreicher neuer Versuche, bis sich aufgreifen oder einfädeln lässt, was immer wieder an uns vorbeigelaufen ist.

Um so unverzichtbarer mag es nun sein, den wahrnehmenden sowie unterstützenden Beitrag fremder Individuen einzubeziehen. Bei ihnen weilt nicht selten etwas von demjenigen im Schicksal, das von uns selber abgewiesen worden ist.

Seltsam oder unbequem mögen uns verschiedene Personen dünken, die das Karma in unsere Nähe bringt. Wir hätten dies so nie gewünscht oder gesucht. Leicht kommt es zu Reaktionen, wo wir sie nicht akzeptieren möchten.

Da wäre schon ein größerer Respekt vor karmischen Abläufen verlangt, um nicht neuerlich abzulehnen, was das Schicksal zuleitet. Mitunter ist es genau etwas, vor dem wir ausweichen wollten.

An den uns entgegentretenden Schicksalsereignissen muss sich die individuelle Geistigkeit bewähren. Zu bezeugen wäre, wie echt unsere eigene Lebenshaltung ist – auch wenn es sehr unangenehme Zwischenphasen gibt.

Ich treffe einen Mitmenschen: Er löst etwas in mir aus, das mich bis in den Schlaf hinein verfolgt. Dies mögen geradezu Tierfratzen sein, die einen beinahe verschlingen wollen.

Häufig fängt ein weiteres Gezerre an, bevor wir uns erneut begegnen. Nicht wenige Individuen weichen deshalb voreinander aus.

Im Grunde sind das tief esoterische Erlebnisse, welche für viel emotionalen Aufruhr sorgen. Von Schwellenerfahrungen im Sozialen könnte hierbei gesprochen werden. Sobald sich intensiveres Menschenbegegnen ereignet, überschreiten wir die bloßen Gegenwartsbezüge.

Als Antwort zeigt sich, was im eigenen Inneren an Ungeklärtheiten vorhanden ist. Wer eine geistige Enge gepflegt hat oder andere gern manipulieren wollte, erscheint plötzlich ganz entsetzt beziehungsweise sehr ungehalten.

Derjenige Mensch, der vor zahlreichen unangenehmen Angelegenheiten auswich, sieht sich von einer Peinlichkeit in die nächste gerissen. Insofern enthüllen sich seelische Vereinseitigungen.

Vom Dogmatiker wird eher mit Starre reagiert, der Macher rastet aus und ein Spieler steht plötzlich wie entblößt da. Weil sich das kaum aushalten lässt, beginnt ein gegenseitiges Anklagen – was die Verletztheiten meist noch steigert. So ist es hinterher desto schwieriger, wieder offen aufeinander zugehen zu können.

Jedenfalls erweist sich das als eine riesige Toleranzprobe. Schiefe Einstellungen zum Mitmenschen treten ans Tageslicht. Nur intensivste Ehrlichkeit vermag dies zu ertragen.

Seelische Mängel erfahren ein radikales Enthülltsein. Wir können einander nichts mehr vormachen. Da braucht es eine große Ich-Stärke, um ohne irgendwelche Ausflüchte standzuhalten.

Wem dies gelingt, der wird in die Lage versetzt, sich freier auf eigene Schicksalsforderungen einzulassen. Denn wir bemerken unverfälscht, woran es bei uns hapert und wo unsere Mängel liegen. Andere Mitbeteiligte haben geholfen, dass dies deutlicher zum Ausdruck kommt.

Jetzt sollen wir das anerkennen lernen und uns davon konfrontieren lassen. Zum elementaren Karmaüben gehört: Ich bemühe mich offen anzuschauen, was mein Schicksal heranbringt oder in mir auslöst.

Sowohl fürs individuelle Weiterstreben als auch für soziale Zusammenhänge kann nichts wichtiger sein. Das Schicksal klopft an und will mancherlei zurechtrücken. Wir sollten nicht gleich phantastische Schauungen erwarten, die auf vorherige Inkarnationen verweisen.

Zunächst ist geprüft, was mit dem momentanen Erdenleben zu tun hat. Dieses wird aufgerüttelt. Wenn wir es akzeptieren, kann vieles anders gerichtet werden. Neue karmische Anknüpfungen sind möglich, ohne dass wir hiervon gleich überwältigt werden.

Bedeutsame Schicksalsimpulse steigen häufig nur langsam ins Bewusstsein. Es gilt diese behutsam aufzugreifen und geduldig zu pflegen, um sie zwischendurch nicht zu verlieren. Gar nicht selten mischt sich ein, was alles verwirren möchte.

Oder etwas legt sich quer. Deswegen lassen leider nicht wenige Individuen bald wieder fahren, was störrische Elemente im Kundgeben vom Karma gewesen sind.

Vorschnelle Urteile oder unüberlegte Reaktionen können hier verderblich sein. Wir sollten mit schicksalhaften Kundgaben durch eine, zwei oder besser drei Nächte gehen. So kann sich herausschälen, was sie bedeuten und uns beibringen wollen.

Erst einmal müssen wir also abwarten, damit sozusagen die Spreu vom Weizen getrennt wird – statt dass sich das leider nicht ganz seltene Missgeschick ergibt, indem man das Abzuschüttelnde mit dem Karma selber verwechselt.

Weder dürfen wir uns von zwischenzeitlichem Unbehagen zu sehr stören lassen noch vorübergehende Euphorien überbewerten. Auch letztere können eine Ablenkung sein. Insgeheim ist oft eine Sehnsucht da, sich an unbequemen Schicksalswandlungen vorbeizumogeln.

Eines gesunden geistigen Stehvermögens bedarf es unbedingt, um nicht abgezogen zu werden von den Tiefenschichten des Karma. Sie enthüllen ihre Botschaften dann, wenn voreilige Gefühlsaufwallungen sich wieder gelegt haben.

Ohne ein gewisses meditatives Anschauen ist hier nicht viel erreichbar. Das eigentliche Karmawahrnehmen braucht Zeit. Mit oberflächlichen Eindrücken lässt sich da wenig anfangen. Wir müssen schon bereit sein, uns einander verbindlicher anzuvertrauen. Sonst wird kein tieferes Zusammenkommen gelingen.

Dann erst werden grundlegendere Gemeinsamkeiten offenbar. Ausdauerndere Begegnungsformen sind hierfür nötig. Außerdem sollte nicht alles bloß ums eigene Wesen kreisen. Nur wenn wir uns für umfassendere Weltgeschehnisse interessieren, lässt sich das persönliche Schicksal richtig einordnen.

Was unser Innerstes berührt, spricht das Karma an. Verborgene Sehnsüchte nach einem harmonischen Zusammenleben mögen damit verwoben sein. Jedoch spielen zugleich gravierende Bedrängnisse herein, die kaum jemand allein bemeistern kann.

Eben deshalb führt uns ja das Leben zusammen, um dies endlich umzuarbeiten. Sofort erheben sich jedoch Zweifel oder Ängste. Wir sind verunsichert, weil gespürt wird, wie einschneidend die Wirkung dessen sein mag, was hier angerührt ist.

Insofern bedarf das eines großen Mutes, um nicht zurückzuschrecken. Sobald die menschliche Nähe an Intensität gewinnt, melden sich unweigerlich Schicksalskräfte. Falls es an geistiger Getragenheit mangelt, ist dies kaum noch auszuhalten wegen dem entfesselten Aufgeregtsein.

Kundgaben hiervon bemerken nicht wenige Individuen zunehmend, sei das im partnerschaftlichen, familiären, berufsmäßigen oder sonstigen Umfeld. Unmittelbar darauf meldet sich ein Horror vor derartiger konkreter Schicksalsenthüllung. Denn es ist viel an karmischen Unstimmigkeiten beigemischt, die nach einer gesünderen Regelung oder einem völligen Neuordnen verlangen.

Sind wir bereit dazu, bedarf es dennoch mühseliger Anstrengungen. Mit bloßem Anerkennen ist wenig getan. Nichts lässt sich hier einfach und schnell erledigen.

Trotzdem wird das förderlichste Arbeit mit dem Karma sein. Andernfalls resultieren die fatalsten Folgen aus einem Abdrängen von Schicksalsanfragen, bis hin zu schlimmen Unglücken. Was katastrophale Tendenzen

heraufbeschwören könnte, lässt sich auffangen und umlenken.

Zäh sein mögen solche Schicksalsbelange in der Regel.
Sie sind nur allmählich lösbar. Wer aber hierzu bereit ist,
kann durchaus ein beschleunigtes Sich-Verwandeln erfahren.

Von vielem wird die eigene Persönlichkeit frei, was
später sehr vertrackte Lebenskomplikationen verursacht
hätte. So sollten wir dankbar sein, auch wenn karmische
Blockierungen uns konfrontieren. Dabei zieht etwas wie
eine heilsame Nüchternheit in die Seele ein.

Zu abwegigen Ausflüchten lassen wir uns kaum mehr
verlocken und sind ebensowenig voller Furcht infolge
von Ungewissheiten oder Engpässen. Mit welcher Haltung ihnen gegenübergetreten wird, dies entscheidet
wesentlich mit darüber, was sich als Hilfe anfügt beziehungsweise zum Verhängnis wird.

Wo wir etwas impulsiv verwerfen, das unangenehm
erscheint, entschwindet vielleicht eine notwendige Korrektur des eigenen Fortschreitens. Wird dagegen zuviel
Druck auf Mitmenschen ausgeübt, steigern sich eventuell sogar mit uns verbundene Widerstände.

Dasjenige, was unser Weiterkommen begünstigt hätte,
ist dann entzogen oder es verbirgt sich desto stärker.
Wer solches durchschaut, vermag bald einzusehen, dass
die vermeintlichen Lasten des Karma in Wahrheit eine
wertvollste Hilfe darstellen können.

Töricht wäre, sich dagegen nur zu empören. Verhindert wird dann, was uns hätte stärken können. Danach
mögen wir zwar nüchterner, jedoch um so gediegener
vorandringen.

Nötig sein kann es durchaus immer wieder, sich abzugrenzen, wenn andere Menschen zu aufdringlich erscheinen. Das würde uns sonst überfordern. Aber deswegen besteht kein Grund, boshaft gegen sie anzukämpfen. Dies erzeugt ungute Schicksalsfolgen.

Friedlich sich auch dort zu behaupten, wo etwas gegen uns anstürmen möchte, das macht es möglich, dass verworrene karmische Relationen irgendwann wieder einer Besserung zuneigen. Verlangt wäre eine Beharrlichkeit im Guten.

Gegenteiliges ist nur allzu häufig bekannt: Penetrant wollen uns üble Einflüsse stets aufs neue angreifen und zum Beispiel übertriebene Sorgen suggerieren, so dass sich kaum noch davon loskommen lässt.

Da kann nur eine langatmige positive Grundhaltung helfen, die nicht einzuschüchtern ist, wenn kurzfristige Erfolge ausbleiben oder zwischendurch gar Nachteile einzustecken sind.

Wer manipuliert und intrigiert, scheint es häufig weiter zu bringen, sowohl im privaten Rahmen als auch in öffentlichen Belangen. Auf Dauer jedoch zeigt sich, dass alles immer tückischer wird und dunkle Abhängigkeiten kaum noch überwindbar sind.

Somit wäre unbedingt anzuraten, sich konsequent auf die Seite dessen zu stellen, was zukünftig heilsame Schicksalswendungen ermöglicht. Auch wenn wir vorläufig mit Widersprüchen leben oder gar Nachteile ertragen müssen, bleibt uns auf lange Sicht das Karma wohlgesonnener.

Darin haben wir die getreueste Unterstützung überhaupt, sofern höhere Zukunftsziele im Geistesblick behalten werden. Obschon gegenwärtig manches wie ein Bruch dünkt oder sich nach einer Behinderung anfühlt, kann hierdurch Bedeutendes für spätere Entwicklungsphasen entstehen.

Ja es mag Abgründiges zwischen einzelnen Menschen lauern. Vielleicht wurde mit schlimmsten Zerstörungsmächten paktiert, angezogen durch zuviel Eigendünkel und grobe Herrschaftsgier, häufig noch begleitet von naivem Beschönigungsdrang.

Allerverderblichstes kann sich zwischen Individuen eingenistet haben, die blindgläubig aneinander hingen.

Unbemerkt blieb, wie dirigistisch über einen Mitmenschen gedacht oder mit ihm verfahren wurde. Nun gelangt zum Vorschein, was sich mitunter durch eine ganze Reihe von Erdenleben an verrutschter und missbrauchter Zuneigung angesammelt hat.

So peinigend dies sein mag, ist es doch eine karmische Zurechtrückung. Vorgeführt wird, was wir noch umzugestalten haben.

Dass die meisten von uns ziemlich verderbte oder verbiesterte Schicksalsanteile mitschleppen, ist nun eine Tatsache sondergleichen. Im Innern hat sich allerlei Widriges abgelagert. Es bleibt versteckt.

Indem uns aber das Karma andere Personen mit ähnlichen Belastungen nahe bringt, tritt unweigerlich zutage, was verborgen gewesen und wieder gutzumachen ist. Meistens lässt sich so etwas nur dosiert verkraften. Stets braucht es mal wieder eine Pause sowie ein neues Ansetzen.

Zu einer eurythmischen Aufgabe für sich wird solche, hoffentlich immer stimmigere Schicksalsübung. Von einer Kunst karmischen Heilens könnte dann einmal die Rede sein.

Keinesfalls macht das Schicksal von sich aus mit uns Eurythmie. Wir müssen vielmehr stets beweglicher und abwechslungsreicher auf dasjenige reagieren, was vom Karma gefordert ist.

Weder Kampf noch Flucht wäre anzuraten. Sonst werden die schicksalsmäßigen Verwicklungen stets vertrackter. Und bedeutsame Karmaimpulse entziehen sich noch eher.

Uns Zugestoßenes verkörpert jeweils eine eindeutige Schicksalssprache. Sie schmerzt mitunter zu sehr oder nervt unsäglich. Nur über eine rhythmisch-kreative Umgangsart lässt sich alles so einbinden, dass wir ein gesünderes Verhältnis dazu erlangen.

Unschöpferischen Personen kann ihr Karma zur Plage gereichen. In einem fort werfen sie mit Vorwürfen um sich, dass alles so schlimm oder krankhaft erscheint. Nur durch eine atmende Beziehung ist manches auszuhalten – ohne dass unüberlegte Handlungen erfolgen müssen. Letztere zertrümmern sozusagen zuviel kostbares Porzellan.

Immer feinere Verhaltensweisen verlangt das sich kundgebende Karmawalten. Grobe Reaktionen könnten uns so zurückwerfen, dass wir deswegen mannigfache Umwege durchlaufen müssen, um Verworfenes wiederzugewinnen.

An eine ideale Methodik lässt sich überhaupt nicht denken, mit der wir das Karma in den Griff bekommen. Nichts wäre illusionärer als dies. Unter anderem sollen gerade festgefahrene Gewohnheiten wieder aufgebrochen werden.

Von dem, was erschreckt oder gar anwidert, dürfen wir uns auch nicht so sehr beeinflussen lassen. Zu lernen wäre, dem Befremdlichen standzuhalten und zum wahrhaft Förderlichen im Schicksalswirken vorzustoßen.

Hier bedarf es einer hellsichtigen Liebe von einander zugehörenden, in der Vernunft sich verbindenden Existenzen, wovon Karl Jaspers als Philosoph mal zutreffend schrieb. Sobald bemerkt wird, dass etwas unsere Seele intensiver berührt, sollte einzig interessieren, wie wir ein bestmögliches Verhältnis dazu gewinnen können – jenseits von bloß oberflächlicher Nettigkeit und unüberlegtem Distanzieren.

Weder dürften wir die karmischen Signale allzu locker auffassen noch durch vermeintlich äußerst schwierige Eindrücke uns irritieren lassen. Was zu leicht dünkt, verlangt nach einem Vertiefen, während Belastendes sehr behutsam fortzuführen ist, auch unter Einbeziehung vermittelnder Personen.

Sonst mag eine heftige Schicksalsdynamik zersprengend wirken, obwohl eigentlich mehr Zusammengehörigkeit erwachsen sollte. Oder es verläuft sich dasjenige wieder, was zwar nett anfing, aber über den Austausch allgemeiner Floskeln nicht hinausführte.

Einschneidender Berührungspunkte bedarf es, um Schicksalszeichen genügend wahrzunehmen. Jedoch dürfen wir nicht gleich in übermäßige Aufwallung geraten.

Sympathische Gesten sollten eher eine Verinnerlichung erfahren. Werden diese zu sehr nur genossen, können sie bald aufgebraucht sein.

Antipatische Regsamkeiten hingegen sollten erst einmal uns selber umbewegen, statt dass gleich etwas nach außen gesetzt wird. Was sonst andere Individuen bedrängt, kann bei genügender Zurückhaltung das eigene Wesen verwandeln.

Leichtfertiges Anbiedern ist vom Schicksal nicht verlangt. Davon wird es eher übertüncht. Auch das lenkt von den karmischen Bezügen meist wieder ab.

Schroffes Sich-Auflehnen ist noch weniger dienlich. Es kann sogar einen Verlust dessen erzeugen, was schicksalhaft an der Zeit wäre.

Um dem gerecht zu werden, muss ein ernsteres Ringen miteinander hinzutreten, frei von voreiliger Abgrenzung, jedoch auch nicht bloß in emotionaler Anhänglichkeit steckenbleibend.

Einzig nach dem zu suchen, was uns angenehm dünkt, bleibt vom Karma her gesehen ungenügend. Überwiegend ist es so, dass wir die wertvollen Elemente darin erst erblicken, wenn auch eine Anerkennung der problematischen Züge gelingt.

Ziemlich irrig wäre die Meinung, eine Wahl stünde an, wo nur das Schöne im Schicksal von uns herausgepickt und alles übrige fallengelassen werden sollte. Noch mehr Verworrenheit sowie Entzweiung können die Folge sein, denn irgendwie gehört immer beides zusammen.

Durchaus bedürfen wir beglückender karmischer Erlebnisse. Mit ihrer Hilfe soll gerade besser bejaht und verkraftet werden, was anfangs ablehnenswert erscheint.

Allmählich mag sich der gegenseitige Wert enthüllen. Das als schicksalswidrig Eingeschätzte kann sich als notwendiger Ballast herausstellen, ohne den wir an wichtigen Zielen vorbeigeschlittert wären. Nicht selten muss sogar ein heftiger Widerstand auftreten, um uns vor Unheil zu bewahren.

Obwohl etwas als Störung wahrgenommen werden mag, kann sich das hinterher als heilsam erweisen. Wir wären ansonsten vielleicht völlig von unserem Weg abgewichen. Oder es hätte nicht genug Zeit für eine wichtige Schicksalsanknüpfung gegeben.

Segensvoll kann das Karma auch dort sein, wo zunächst gemeint wird, Wichtiges wäre vereitelt gewesen. In Wirklichkeit vermochte vielleicht nur deshalb eine entscheidende Begegnung stattzufinden. Ohne diese hätte uns irgendwann etwas gefehlt, wodurch ein Weiterschreiten in Frage gestellt bliebe.

Unverzichtbar ist somit, sich immer tiefer in die karmischen Erfordernisse einzuleben. Sie können rettend sein, selbst wenn wir uns peinlich von ihnen berührt fühlen. Manchmal tritt erst viel später ins Bewusstsein, welche fatalen Irrwege dadurch verhütet worden sind.

Sicherlich mögen uns die Schicksalsbedingungen oft sehr hart dünken. Sie bewahren trotzdem vor vielen Abhängigkeiten, aus denen sonst kaum herauszufinden ist. Eventuell hätten wir in abgründigste Situationen geraten können, woraus unbeschadet nicht zu entkommen gewesen wäre.

Wer mögliche Entgleisungen im Bewusstsein trägt, kann sich durchaus anfreunden mit einer gewissen Schicksalsstrenge. Diese bringt in Wahrheit etwas Schützendes mit sich.

Überzogene Wünsche und Erwartungen können so eine gravierende Zurechtrückung erfahren. In welche selbstherrlichen Verstiegenheiten hätten wir andernfalls vielleicht abdriften können, wenn uns eine scheinbare Schicksalsgunst dafür hold gewesen wäre. Da träumt so mancher Mensch von enormer Macht und gewaltigem Einfluss!

Noch weit extremeres Rivalisieren wäre das Resultat. Als ob dies heutzutage nicht schon mehr als genug abläuft!

Zum Glück werden wir nicht selten von den Schicksalsumständen drastisch auf den Boden geholt.

Das angebliche Enttäuschtsein birgt häufig bedeutendste Klärungen in sich.

Grandioseste Illusionsblasen sind geplatzt! Der Alltag hat uns wieder. Dieser mag zwar nur auszuhalten sein, wenn wir uns auch Bilder von schöneren Formen der Lebensgestaltung und des Umgangs miteinander machen.

Allein, es braucht eine genügende Einsatzfähigkeit hierfür! Und diese bildet sich vielfach genau dort aus, wo das Karma am strengsten empfunden wird. Im Nachhinein können wir dafür dankbar sein, obschon nicht weniges widerspenstig wirkte. Das hat eine innere

Stärke entwickeln lassen, ohne die kein genügendes Voranschreiten gelungen wäre.

Bitterlich zu lernen ist allerdings, mit schicksalhaften Entgegensetzungen so ausgewogen umzugehen, dass wir an ihnen wachsen und nicht davon umgeworfen sind. Vermeintlich Tückisches kann einer festen Schale gleichen. Darin verbirgt sich ein zarter Keim, der geschützt sein soll vor einem schnellen Zugriff.

Bei uns ist zwar allerlei Verkrustetes zu überwinden. Nur wenn es sich aufzulösen vermag, kann weitergeschritten werden zum echten Zukunftskarma. Dieses müssen wir jedoch behutsam handhaben.

Mit einem Bebrüten des kommenden Schicksals kann das zusammenhängen. Eine regelmäßige Zuwendung ist verlangt, bei voller Respektierung irgendwelcher Ungewissheiten oder Schranken. Sie dürfen gar nicht zu früh verschwinden. Anders wäre das Neue im Karma bald ausgetilgt, statt dass es allmählich stärker wird und die Hülle von innen zu sprengen vermag.

Wir selber müssen immer wieder Kraft sammeln und den Härten im Schicksal mit Liebe begegnen. So allein vollzieht sich jene Erwärmung, welche es dem zukünftigen Schicksalskeim erlaubt, klarere Kontur zu gewinnen und irgendwann auszuschlüpfen. Wenn die Zeit hierfür reif ist, nicht wann uns dies genehm wäre! Behaupten wir uns also in liebevoller Geduld gegenüber den Begrenzungen, welche zum äußeren Karmaverlauf gehören! Entscheidend kann dennoch die Ahnung sein, dass dahinter ein keimhaftes Entwickeln erfolgt. Dessen Ergebnisse werden schon zum richtigen Moment zutage treten.

Ohne unsere bebrütende Ausdauer kann das nicht geschehen. Doch was sich herausbildet, entsprießt einem verborgenen Geistesquell.

Altes im Karma ist wie eine Umhüllung. Sie bleibt unverzichtbar, bis sich das neu Hervorkommende genügend konsolidiert hat. Würden wir zu wissbegierig darin herumpfuschen, wäre es aus damit.

Einer positiven Grundeinstellung bedarf es somit, obwohl sich das Schicksal als Rätsel zeigt. Indem wir uns beharrlich damit befassen, ohne gewaltsam einer Lösung vorzugreifen, wird letztere gerade ermöglicht.

Zwar mögen wir die Schicksalszukunft schon in der Hand halten – und müssen trotzdem warten. Einzig ein liebevolles Durchtragen lässt ins Leben treten, was uns als ein karmisches »Ei« präsentiert wird.

Wann immer Menschen miteinander zu tun haben, sollte mit wachem Interesse beobachtet werden, was wohl von einer Welten-Schicksalslenkung zwischen sie gelegt worden ist. Dass sie zusammentrafen, kann Resultat karmischer Vergangenheit sein. Das lässt sich ganz nüchtern konstatieren.

Viel bedeutsamer aber wäre, was zwischen ihnen ausgebrütet werden soll. Es ist sozusagen ein Überraschungs-Ei. Daraus steigt das karmisch Weiterführende hervor.

Gar nicht selten stellt sich etwas quer, weshalb kein sofortiges Zusammenwirken möglich ist. Von den Vergangenheitskräften wird ein Verweilen und Umwandeln gefordert. Nur so kann gedeihen, was uns vorwärts bringen soll. Daran müssen wir maßgeblich mitarbeiten.

Unerhört mächtig kann altes Karma sein, das uns einholt und Barrieren aufrichtet. An ihnen gilt es solange auszuharren, bis dahintersteckende Zukunftsimpulse sich genug ausgestalten konnten. Dann erst ist mit ihnen vereint weiterzuschreiten.

Wer sich unwirsch und überheblich von solchen karmischen Beschränkungen distanziert, unterliegt der Gefahr, dass er verwirft, was an ergänzenden Qualitäten benötigt wird. Neue Schicksalsstufen sind dann um so schwerer zu erreichen.

Voranführende karmische Schritte werden durch das möglich, was wir den wiederkehrenden Vergangenheitselementen abringen. Diese dürfen uns nicht zu früh loslassen. Es gilt gekonnt mit einstigen Schicksalsfolgen zusammenzuarbeiten.

Früheres soll nicht neugierig zerpflückt werden. Eine besonnene Anerkenntnis der Schicksalsvergangenheit ist vielmehr verlangt.

Eines geradezu herzerwärmenden Durchhaltens bedarf es. Kaltes, abschätziges Verurteilen ist ebenso falsch wie zu hitzige Aufregung. Nur aus ruhig bejahender Positivität heraus lässt sich der gute Kern vom Karma entzaubern.

Zwischenzeitliches Gehemmtsein soll uns nicht schrecken. Nach allzu leichtfertiger Anziehung – die auch ihren Sinn hat – muss mancher Schicksalserschwernis getrotzt werden. Daraufhin mag sich enthüllen, was wahrhaft weiterleitet.

Bei dem, was uns anzieht, glühen luziferische Wünsche auf, die einem alles schon fertig präsentieren sollen. Das ist nur am Ende eines anstrengenden Schicksalsweges zu erwarten. Die Sehnsucht danach hat uns jedoch häufig erst beginnen lassen.

Ohne lockenden Luzifer kämen viele Aktivitäten gar nicht in Gang. Er präsentiert die höchsten Ziele, noch dazu ganz nah. Scheinbar handelt es sich nur ums Zupacken.

Bald darauf ist alles Weiterdringen vertrackter. Ein Teil des Höheren wird niedergezogen – wobei sich Ahriman einmischt. Anderes rückt desto ferner.

Deshalb bleibt es keineswegs erspart, uns mit irdischen Einengungen auseinanderzusetzen. Daran lässt sich erst ein selbständiges Emporwachsen erwerben. Insofern hat der ahrimanische Gegenpol durchaus sein Bedeutendes.

Zugleich müssen wir auch allen gierigen Ehrgeiz abstreifen. Hingebungsvolle Empfänglichkeit ist fernerhin nötig, um an die ersehnten Höhenziele heranzureichen.

Vor einer luziferisch-ahrimanischen Schicksalseinmischung kann niemand verschont bleiben. Sowohl der Antrieb zum Weiterstreben als auch die genügende Festigkeit würden uns mangeln. Es ließe sich nicht in freier Weise realisieren, was uns mal vorgeschwebt hat. Zwischendurch mögen falsche Mittel und Methoden ausprobiert gewesen sein.

Vergangenheitsbande müssen mal zurückgedrängt werden. Das ist unverzichtbar, um sich eine genügende Wesensunabhängigkeit anzueignen. Ein zeitweiliges Vergessen karmischer Vorgegebenheiten hat durchaus seine Bedeutung.

Kehren die Schicksalsbelange wieder ins Bewusstsein zurück, stellt das eine schwierige Erprobung unseres

Freiheitswesens dar. Dieses hat sich daran zu bewähren, aber ohne jede Unterordnung.

Altes Schicksal soll nicht demütigen. Auch wenn wir uns danebenbenommen haben, wäre jetzt desto mehr Kraft des Emporrichtens zu entwickeln.

Nicht weniges kann nur in dosiertem Rhythmus gut aufgenommen und verarbeitet werden. Wir sollen es nicht fliehen oder negieren. Jedoch dürfte auch keine Ablähmung geschehen, ebensowenig ein zu wildes Erregtsein.

Ich lasse nicht ab, bis etwas Förderliches entsteht! Dies könnte das schönste Motto in bezug auf karmische Vergangenheiten sein. Keine niederdrückenden Lasten sollen empfunden werden. Vielmehr wäre eine anregende Vorwärtsbewegung daraus abzuleiten.

Verwirklichen lässt sich das nur durch einen dynamischen Übungsprozess. Wir stoßen auf gravierende Hindernisse, sollen aber nicht grimmig dagegen anrennen.

Rechtzeitiges Sich-Zurücknehmen wäre stattdessen angebracht. Wir sollen uns wieder sammeln und beruhigter auf neue Begegnungen warten. Zu bewahren wäre die Freiheitssphäre auch bei mächtigsten Wirren und Wogen aufgrund der Schicksalsfolgen aus vorherigen Erdenleben.

Mag Ehemaliges noch so imposant auftrumpfen und einschüchtern: Wir halten uns bedeckt, um das gefährdete Wesensgleichgewicht zurückzugewinnen, bevor ein weiteres Konfrontiertsein mit vergangenen Schicksalsereignissen eintritt.

Gutes Parieren ist eine Kunst für sich. Widersprüchen, die uns fast zerreißen, gilt es so standzuhalten, dass alte Schicksalhaftigkeit überbrückt und erhöht wird.

Flexibles Sich-Behaupten angesichts gegensätzlichster Herausforderungen aus zurückliegenden Inkarnationen ist vonnöten. Das führt zu einer schöpferischen Überwindung karmischer Altlasten.

Dem, was uns am heftigsten schüttelt, trotzen wir vorwärtstragende Impulse ab. Einstige Penetranz wäre so umzuwandeln, dass dadurch auf gediegene Zukunftsbahnen zu gelangen ist.

SOZIALE NATUREREIGNISSE

Am meisten spricht das Schicksal durch Begegnungen. Da ist dieses am handgreiflichsten. Es kann eine Intensität haben, die ein soziales Natur-Ereignis darstellt.

Zu einem solchen wird der Mitmensch, sofern Schicksalskräfte hereinspielen. Das rüttelt auf und wirkt nicht selten durch Tage und Nächte umwälzend weiter.

Nichtsdestoweniger sollte die innere Aufgewühltheit mit einem gewissen Gleichmut ertragen werden, ohne dass wir uns auflehnen oder noch hineinsteigern. Dass einiges im Inneren in Bewegung gerät, ist erst einmal Schicksalszeugnis genug. Was es zu bedeuten hat, wird die Zeit zeigen.

Schicksalsbegegnungen stellen uns in Frage. Anstatt allzu kritisch zu reagieren, sollte eine Bejahung gelernt werden. Richtige Antworten ergeben sich daraufhin. Die wichtigste Aufgabe ist zunächst das stille Ertragen.

Wir sollten es aufgeben, daran herumdeuteln und etwas ändern zu wollen. Das Karma fordert einen Respekt, jenseits von Antipathie oder auch zuviel Sympathie. Niemand braucht sich deswegen gleich wie kopfüber in Abenteuer stürzen und alle bisherigen Lebensverpflichtungen verabschieden.

Uns selber mag der Schicksalseinschlag bis auf den Grund treffen und seelisch zutiefst umkrempeln. Eben darum bedarf es einer starken Einbettung in sonstige Lebensbezüge, um dies überhaupt gesund zu verkraften.

Nötig ist, sich klarzumachen: Ich habe dies selber irgendwie gesucht. Aber wir sollen nicht sofort bedingungslos höchste »Versprechungen« machen. Hier kann das deutsche Wort lehrreich sein.

Da »versprechen« wir uns sehr schnell, machen übersteigerte Pläne oder entwerfen wunschvollste Phantasiegebilde. Der Alltag enthüllt meist um so schlimmere Nachlässigkeiten.

Denen dürfen wir uns ebensowenig ausliefern. Hinterher ist bald offensichtlich, wie sehr dies mit Irreführung oder gar einem Missbrauchen edelster Kräfte zu tun hat.

Anzublicken wäre vielmehr in möglichst großer Gelassenheit, was sich als schicksalhafte Erwiderung regt. Manchmal muss nur jemand nähertreten, schon fängt ein tieferes Berührtsein in uns an.

Oder erst recht, wenn wir miteinander reden. Das kann von heftiger innerer Bewegtheit begleitet sein.

Um das richtig mitzuerleben, bedarf es einer seelischen Zurücknahme. Das eigene Innere sollte wie eine ruhige Tafel sein, in welche sich einzuschreiben vermag, was mehr oder weniger unsichtbare Reaktionen aufeinander sind.

Ein verstecktes Schicksalsgespräch ist es, was begleitend und ergänzend zum äußeren Sich-Treffen hinzutritt. Vom schreckhaften Erstarren bis zur wilden Konfusion kann einiges reichen. Weder sollten wir dies ignorieren noch dem einfach seinen Lauf lassen.

Eine geheime Schwellenerfahrung geht einher mit jedem solchen Zusammenkommen. Das Karma spricht mit. Was es uns beibringen will, darf nicht vorschnell überlagert werden. Sonst drohen vielerlei Fehlinterpretationen.

Förderlich wäre stattdessen, dass wir uns von dem verborgenen Echo, das zwischen Menschen auftritt, die karmisch miteinander zu schaffen haben, in eine andere seelische Gestimmtheit versetzen lassen.

Scheinbar erzeugen Schicksalsbegebenheiten eine Entzweiung im Innern. Tatsächlich jedoch kann gerade das, was vom Karmaverlauf her unser Leben unbewusst begleitet, besser ins Seelenwesen hereingenommen werden. Nur müssen wir es auch aushalten.

Von einem inneren Erzittern, gar Erbeben sind karmische Erlebnisse jeweils begleitet. Frei von Furcht wäre das zu akzeptieren, vor allem ohne gleich irgendwie loszuschimpfen. Ja wir müssen dies geradezu verdauen.

Nur so bildet sich die gereifte Fähigkeit, auf karmische Angelegenheiten angemessen zu reagieren. Sie bringen es mit sich, uns zuerst einmal etwas durcheinanderzuwirbeln. Sodann geraten wir in die Lage, darauf stimmiger einzugehen.

Der beste Lehrmeister kann dadurch das Schicksal allmählich werden – mitunter streng, aber stets voller Weisheit. Dies hängt mit einer Schulung zusammen, die unser gesamtes Leben begleitet. Wir sollen daran wachsen, nicht uns dagegen durchsetzen.

Tückisch werden die Schicksalsverläufe, wenn der Mensch sie zu oft beiseiteschieben will. Er steht dann im Streit mit dem, was ihn in Verbindung mit den sonstigen Weltvorgängen weiterbringen möchte.

Manche zugespitzte Schicksalssituation gleicht einem Brennpunkt. Im Fokus dessen stehen wir, was alles sich um uns zuträgt. Wie ein Tor kann dies werden zu einer gänzlich veränderten Lebensphase.

Doch müssen wir das zulassen. Es gilt, reiner Tor zu werden hinsichtlich dessen, was die karmische Zuspitzung in uns einprägen oder umgekehrt im eigenen Seelenwesen ausbrennen will. Mitunter trifft beides gleichzeitig ein.

Wonach wir lange vergeblich gestrebt haben, lässt sich ergreifen und realisieren. Und im Wege Stehendes schmilzt dahin oder ist zumindest viel leichter zu meistern.

Bisweilen können sich auch gebündelte Schicksalswenden für ganze Gruppen von Menschen abspielen. Unsägliche Mühen mögen zuvor nötig sein, verbunden mit verzweifelnden Niederlagen. Dennoch war in karmischer Hinsicht nichts vergebens.

Vielleicht mussten wir uns erst einiges abgewöhnen oder noch etwas Wesentliches einbeziehen, bevor das Schicksal einen gewandelten Verlauf nehmen durfte. Insofern ist das Wartenkönnen manchmal auch sehr wichtig.

Genauso kann aber wachste Geistesgegenwart verlangt sein, weil für einen Moment sich eine bestimmte Öffnung im Schicksal zeigt – wo entscheidende Schritte möglich sind, wie vorher und nachher kaum. Es wäre töricht, das nicht zu nutzen.

Überwiegend mögen sodann gnädigere Seiten sich uns zuneigen, wenn wir bereit sind, mit karmischen Impulsen zusammenzuarbeiten! Meist bieten sich immer wieder neue Gelegenheiten, wo stückweise das aufzugreifen und einzuverweben ist, was unser Seelenwesen im Verein mit dazugehörenden sonstigen Menschenschicksalen voranbringen soll.

Deshalb brauchen wir häufig viel Zeit dafür, weil erhebliche Vergangenheitsbelastungen wegzuschaffen sind. Sie erschweren das Weiterdringen ganz enorm, verhindern aber zugleich, dass allzu unbedarft in gefahrenvolle Aufgaben hineingeschritten wird.

Das Zurückzucken bei bestimmten Begegnungen oder gar der Drang zu einem Ausweichen vor ihnen mag zwar dadurch bedingt sein, dass hier entscheidende karmische Qualitäten hereinspielen. Falls wir uns dies nicht genug bewusst machen, tritt ein Meiden davon ein.

Vielleicht wird auch noch darüber gelästert. So sind zunächst einmal wichtige schicksalsmäßige Wandlungen verpasst, die sich hier hätten vollziehen können.

Eigentlich sollte alles weit geduldiger begleitet werden. Verlangt wäre eine größtmögliche Achtung vor dem, was durch das Karma hier mit unserem Leben verwoben ist. Es trägt uns meistens zu, womit die nächsten Schritte in unserer biographischen Entwicklung verknüpft sind.

Doch muss stets das angemessene Verhalten gelernt werden. Zwischendurch setzt uns manches allzu mächtig zu. Wir sind seelisch davon überfordert, brauchen wieder einen gewissen Abstand oder auch die Einbeziehung ausgleichender Personen. Nur dann ist dies gut bewältigbar.

Auch in der Nacht mag nicht weniges so aufwühlend nachwirken, dass der Eindruck entsteht, das ginge zu weit. Schnell regen sich unsichtbare Stimmen, welche uns suggerieren, es habe keinen Sinn und würde sowieso scheitern.

Ohne tieferes Schicksalsvertrauen bleibt die Versuchung vorhanden, alles fahren zu lassen. Deshalb ist es so wesentlich, wenn wir denkerisch vorbereitet sind und uns sagen können: Dies mag gerade die richtige Angelegenheit für uns sein, weil sich so viel sträubt!

Damit beginnt bereits eine Schicksalsarbeit. Wir dürfen nur die dunklen Einflüsterungen nicht überbewerten, die uns am liebsten gleich ein Scheitern einreden wollen. Das könnte vielmehr als Signal gelten, dass hier eine karmische Last mitbeteiligt ist, welche sich nur durch große Ausdauer allmählich abtragen lässt.

Im Idealfall kann das Schicksal unser bester Partner werden. Es spielt uns zu, was als nächste Stufe im eigenen oder auch gemeinsamen Lebensverlauf ansteht. Egal ob diese mal leichter oder schwieriger zu überschreiten ist, sie hat doch meist einen ganz direkten Sinn.

Selbst wenn etwas als reinste Zumutung erscheint, kann es dennoch einen unerhörten Wert besitzen. Dadurch lassen sich vielleicht widrige Tücken ausmerzen, welche uns ansonsten irgendwann auf schlimme Abwege geführt hätten.

Was als gegenwärtige karmische Komplikation sich ereignet, dient eventuell trotzdem dazu, dass wir neue Kräfte erwerben. Ohne diese würden uns kommende Herausforderungen möglicherweise über den Kopf wachsen.

Und selbstverständlich sollten wir es genießen, wenn durch wertvolle Begebenheiten, die wie Geschenke im Karma eingelagert sind, eine seelische Stärkung gelingen kann. Auch das hilft, spätere prüfungsreiche Lebensphasen anders zu bestehen.

Kurzum: Wie immer das Schicksalswalten geartet ist, ob leidvoller oder schöner, es hängt sehr von unserer Einstellung ab, ob dies unser Vorankommen fördert. Durch einen partnerschaftlichen Bezug zu den karmischen Ereignissen zeigen sie generell mehr helfende Eigenschaften.

Wie unser Umgang mit den schicksalhaften Erfahrungen ist, wird stets bedeutsamer. Es genügt nicht, was diese schon von sich aus besagen. Als um so entscheidender erweist sich, in welcher Art wir uns darauf einlassen.

Maßgeblich ist nicht so sehr, was ein Schicksalsgeschehen mit uns macht. Ausschlaggebend wird vielmehr, in welcher Weise wir das Beste herauszuholen vermögen.

Gemeinsame Hüter-Erlebnisse

Gar nicht selten erscheint eine karmische Schickung recht erfreulich verpackt. Der Inhalt mag uns manche Mühsal bereiten.

Hätten wir alles im voraus gewusst, wäre das entsprechende Schicksalspäckchen vermutlich nicht angenommen worden. Insofern hat es eine schützende Bedeutung, dass zunächst vieles unbekannt ist von den karmischen Hintergründen der einzelnen Lebenssituationen.

Wenn wir uns genügende innere Reife angeeignet haben, dann dürfen umfassendere Schicksalszusammenhänge offensichtlich werden. Wer verfrüht Einblick zu kriegen versucht, hat es oft schwerer im Verhältnis zum mitmenschlichen Umfeld. Das erfordert äußerste Unbefangenheit.

Gleichzeitig wäre aber zu betonen, dass es unbedingt nötig ist, ein Grundverständnis fürs Karma aufzubringen. Sonst stoßen wir es weg, vor allem wenn etwas in einem weniger anziehenden Gewande daherkommt.

Es braucht schon eine bejahende Bewusstheit karmischer Wirksamkeiten, um nicht irritiert zu sein von manchem Zweifel, gar einem inneren Erbeben. Was in uns wie eingesargt war aus einstigen Schicksalsbegebenheiten, kann mit elementarer Wucht sich kundgeben.

Plötzlich ist nichts mehr einfach zu handhaben. Vor der Stimme des Schicksals scheint alles zu erzittern. Die Seele kann ganz konfus reagieren. Nur ein Wissen davon, dass sich so das Karma melden mag, lässt uns nicht irre werden.

Aufgrund von solch übermächtig hervorbrechenden Schicksalsregungen bleibt nichts wie es war. Dennoch sollen wir nicht abrupt etwas hinwerfen oder wegfegen wollen. Erst über ein stilles Aushalten bildet sich die Befähigung zum angemessenen Umgang damit.

Eine unerhörte Lehre ist dies. Nichts ergreift und bewegt uns intensiver als das, was Karmabegegnungen betrifft. Wir sollten gerade deshalb gelassen sein wie noch nie bisher.

Einen allerstärksten Anerkennungswillen verlangt somit das Karmaerleben. Wie verzaubert sind wir beinahe davon. Das Schicksal hält uns in seinem Griff. Dieser löst sich durchaus wieder. Aber es darf dennoch kein gewaltsames Beseitigen probiert werden.

Gerade wenn wir uns völlig auflehnen, werden wir vom Karma regelrecht beherrscht. Man verfängt sich dann erneut in dem, was uns eigentlich weiterbringen möchte – sofern ein ruhiges Standhalten gelingt.

Zwischenzeitliches Blockiertsein wirkt sogar als Schutz, um nicht durch voreilige Reaktionen in ehemalige Verstrickungen hineingezogen zu sein. Jetzt soll ein Ausgleichen hiervon geschehen. Das kann damit anfangen, dass wir uns am Früheren läutern.

Überhaupt nicht angebracht ist, in einstige Verhaltensweisen zurückzufallen. Es gilt diese zu durchschauen, statt sich nochmals hineinzusteigern. Ein besonnener Blick auf die vor uns liegenden Schicksalskonfigurationen wäre stattdessen anzustreben.

Nur wenn wir in ausgewogener Seelenruhe karmische Begebenheiten auf uns wirken lassen, können auch die geeigneten Verhaltensweisen entwickelt werden. Eventuell sind wir mit schicksalsmäßigen Untiefen konfrontiert. Gänzlich verkehrt wäre dann, einfach weiterzumachen.

Oder es zeigt sich ein karmischer Sumpf. Da existieren wohl einige zuverlässige Stellen, wo wir trotzdem etwas tun können. Zuviel gemeinsame Aktivität würde jedoch die besten Bemühungen zum Scheitern bringen.

Anderswo kann sich ein freies Feld eröffnen, das unseren eigenen Anliegen eine wertvollste Entfaltungsmöglichkeit bietet. Sofern nicht zu sehr gezögert wird, weil sonst vielleicht bald der Zugang wieder verschlossen ist!

Mitunter können wir auch in einem Schicksalslabyrinth stecken. Und müssten uns immer mehr in einem Irrgarten verrennen – falls nicht auf leise Winke geachtet wird, die durchaus auch mit zum Karma gehören mögen!

Mal scheint das Schicksal unerbittlich zu sein. Etwas wie eine schroffe Felswand steht vor uns, die anscheinend jedes Weiterkommen vereitelt. Vielleicht stellt das trotzdem ein rettendes Hindernis dar, weil wir ansonsten in unser Verderben hineingedriftet wären.

Ein weiteres Mal ist nur die zarteste Andeutung von dem gegeben, was uns voranbringen kann. Versäumen wir dies wahrzunehmen, kann es wieder lange dauern, bis sich neue günstige Gelegenheiten bieten.

Unbedingt nötig ist deshalb ein beständiges Üben von Konzentration und innerer Klarheit. Andernfalls wird eher dreist oder grob an sanfteren Schicksalszeichen vorbeigeschritten.

Genauso wenig dürfen wir zu vorsichtig und zaghaft sein. Sonst bleibt mancher Schleier vor den eigentlichen Bezeugungen des Karma hängen.

Gar nicht so selten trifft das zu, dass bedeutende Schicksalskundgaben uns nahe sind. Trotzdem ignorieren wir sie. Vielleicht aus Hilflosigkeit? Es könnte sich etwas zeigen, vor dem zurückgescheut wird.

Jemand tut so, als ginge ihn dies nichts an. Dabei ist der betreffende Mensch innig berührt!

Er weist das jedoch von sich. Nicht zugelassen wird, dass ihn vorübergehend das Gefühl einer Zerschlagenheit ergreift.

Sehr eindringlich äußert sich so manche Schicksalsrealität. Zeitweise wissen wir nicht ein und aus. Das entspricht dem, was in der Esoterik als Erfahrung vom Hüter der Schwelle beschrieben wird.

Zu verspüren ist eine unsichtbare Massivität, vor der niemand mehr etwas verbergen kann. Völlig zerknirscht können wir uns erleben, wie in einer kompletten Nichtigkeit steckend.

Heftiger lässt sich kaum eine Erschütterung vorstellen. Nicht wenige sind wie zu Tode erschreckt und verwünschen geradezu ihre Existenz.

Darum ist es von einzigartiger Bedeutung, wenn im voraus von der Hüter-Begegnung gewusst wird. – Was hierbei vor uns steht, ist das gesammelte eigene Karma.

Da hilft nur ehrliches Anerkennen, ohne jeden Wunsch nach voreiligem Auslöschen. Abtragen lässt sich das meist erst im Verlauf verschiedener Inkarnationen. Der Versuch, sein Leben auszulöschen, würde nichts nützen.

Denn es fällt immer wieder auf uns zurück, womit wir karmisch verbunden sind. Zwar scheint dies in größtem Kontrast mit all dem zu stehen, wohin gerne gestrebt würde. Tiefer gesehen fordert all das jedoch eine langwierige Ergänzung heraus.

Stets besseres Selbstbehaupten soll demgegenüber gelingen. Vor sämtlichen leichtfertigen Ausflüchten werden wir so bewahrt.

An diesem Hüter ist niemals vorbeizukommen. Es sei denn, wir wachsen über ihn hinaus! Dann erst darf er allmählich verschwinden.

Durch zahlreiche Erdenleben haben wir ihn zum Entstehen gebracht. Er lässt sich nur etappenweise überwinden. Das mächtigste Hemmnis und die gewaltigste Entwicklungschance liegt hier vor uns.

Bis auf den Grund des eigenen Wesens können wir berührt sein von der Schicksalssprache. Wenn das in eine Menschenbegegnung hineinspielt, kommt nichts dagegen an.

Innerlich davon niedergeschmettert, müssen wir uns seelisch neu erheben lernen. Wie ein momentanes Ersterben ist dies.

Alles Oberflächliche des Zuwendens geht sprichwörtlich zugrunde. Halten wir dennoch stand, gleicht das einer inneren Neugeburt.

Jetzt hat uns wahrhaft erfasst, weshalb dieses Leben eingeleitet wurde. Natürlich mag dies nicht immer so drastisch zu empfinden sein. Aber es kann mitunter wie ein Blitzschlag wirken.

Zuweilen mag das auch nur einem kurzfristigen Unwohlsein gleichen! Darüber sollte ebenfalls nicht einfach hinweggehuscht werden. Wenn wir den mahnenden Schicksalsimpulsen wenig Geltung zubilligen, kann ein desto tragischeres Sich-Verrennen in individuelle oder soziale Sackgassen erfolgen.

Insofern wird uns das Karmaerleben vor Verhängnissen schützen. Lassen wir jenes Aufrütteln zu, welches mit jedem schicksalhaften Zusammentreffen einherschreitet, erzeugt dies entscheidende Wendungen in unserem Dasein. Ansonsten mögen viel leidvollere Situationen auftreten.

Wir dürfen das Karma nicht mit einer Strafe identifizieren. Im Gegenteil kann mancher Unglücksfall verhindert sein, wenn Schicksalsmahnungen rechtzeitig beachtet werden.

Zum stets freundlicheren Lebensbegleiter können so die karmischen Bezeugungen werden. Indem wir besser auf diese hören, bleibt uns einiges schreckliche Verirren erspart.

Peinvoll erscheint das abgeschobene Karma. Dadurch sammelt sich an, woran irgendwann nicht vorbeizugelangen ist. Dies kann uns auch bis in körperliche Krankheiten hinein erfassen, ja geradezu umwerfen.

Je eher wir bereit und imstande sind, die unaufdringlicheren Töne im Schicksal wahrzunehmen, um so besser lässt sich zumindest ein Teil schon seelisch auffangen. Auch physische Leiden sind daraufhin leichter bewältigbar.

Über die Bereitschaft zum frühzeitigen Aufarbeiten von karmischen Widerständen lassen sich auch schwierigere Lasten abschwächen. So können wir sie vielleicht erst verkraften, statt dass alles auf verhängnisvolle Zerwürfnisse oder Niederbrüche hintendieren muss.

Verheerendes Missgeschick ist nicht selten dadurch verursacht, dass zahlreiche kleine Ermahnungen ignoriert gewesen sind. Hierbei sitzt so etwas wie ein überheblicher, rechthaberischer Karmaleugner in uns.

Dieser schiebt auf mehr schroffe oder auch sehr elegante Manier beiseite, was eigentlich schicksalsbedingt anstehen würde. Durchaus häufiger gibt es das, als die meisten Menschen zugeben.

Einzelne Individuen verfügen da über ein verderbtes, doppelgängerisch entstelltes Hellsehen. Sie spüren allzu deutlich, wenn sich etwas für sie Unangenehmes zusammenbraut. Das wird recht brutal oder mitunter äußerst intelligent auszutricksen versucht.

Solches mag eine Weile möglich sein. Doch irgendwann ist schließlich die jeweilige Karmakonstellation desto vehementer. Dann kann ein tragischer Einschnitt im Leben auf den anderen folgen. Wie verhext mag der eigene Schicksalsweg dünken.

Derartige karmische Widrigkeiten hat sich ein Mensch schon irgendwie eingebrockt. Obwohl für einige Zeit überhaupt nichts glückt, kann dies schicksalsmäßig sehr sinnvoll sein.

Vom Karma her wurde gewissermaßen eine Vollbremsung eingelegt. Jemand, der vielerlei Ausflüchte erprobt hat, mag so doch noch zur Besinnung zu bringen sein.

Vermeintlich ist ein karmischer Stillstand eingetreten. Nun muss meist länger gefragt und gesucht werden, bis ein neues eigenes Weiterkommen geschehen kann.

Entscheidend mag hierbei allerdings auch sein, wie Mitmenschen sich auf diesbezügliche Prozesse einlassen. Ein bloßes Bedauern zu äußern gegenüber derjenigen Person, die in einer scheinbar ausweglosen Lage steckt, kann manchmal wie verhöhnend wirken.

Fatal wäre, gar noch zu triumphieren, dass mal eine gerechte Strafe stattgefunden hätte. Dann machen wir uns mitschuldig daran.

Weit hilfreicher ist, wenn gemeinsam um ein ehrliches Verständnis davon gerungen wird, was uns die Sprache des Karma abfordern will. Unser Kennenlernen davon kann auch späteres Schicksal besser bewältigen lassen.

Kaum etwas passiert aus heiterem Himmel. Meist haben sich gravierende Versäumnisse zugetragen, die irgendwann dazu führen, dass ein Mensch an einen schicksalsmäßigen Endpunkt geriet.

Nun soll sich eine mehr oder weniger radikale Wende vollziehen, welche nicht unbedingt allein zu erreichen ist. Häufig muss vieles in der Umgebung mit verändert werden, bevor wiederum ein guter Fortgang vom eigenen Lebensweg stattfinden kann.

Selbst wenn sich irgendein karmischer Bruch ereignet hat, dürfte es keinerlei Anlass geben, den moralischen Zeigefinger zu erheben. Auch manche zwischenmenschliche Belastung kann zu schwer gewesen sein.

Lange mag es dauern, bis das wieder geheilt ist. Oder verschiedene Umwege müssen im Schicksal beschritten werden, damit sich erneut anknüpfen lässt an dasjenige, was zum eigenen Karma dazugehört.

Zunächst war es nicht durchzuhalten. Allerdings vollziehen verschiedene Individuen auch eine voreilige Flucht aus einer verfahrenen Schicksalslage. Weil die uns oft an den Rand aller bisherigen Möglichkeiten bringt, wird panikartig reagiert.

Schnell kann dann verworfen sein, was sich aufgrund eindringlicher früherer Ursachen vorbereitete. Die Beteiligten waren nicht genug darauf vorbereitet, dass dies von heftigen seelischen Turbulenzen begleitet sein mag.

Dem Schicksalswirken gegenüber sind die allermeisten Menschen noch ziemlich schlafend. Und sie träumen sich in die vielen Beziehungsangelegenheiten hinein.

Richtig zum Erwachen führt meist ein kritischer Moment im Miteinander.

Dies stört den Seelenschlaf und die Beziehungsträumerei. Karmisches Wachwerden kann anfangs intensiv schmerzen. Wie eine offene Wunde mag sich unser Wesen plötzlich empfinden.

Wer sich zuwenig bewusst macht, was dies bedeutet, wehrt es eher ab. Gerade weil uns alles so sehr betrifft, wollen wir das nicht wahrhaben. Triebhaft-allergisch wird reagiert. Eigentlich wäre eine mutige Bejahung angebracht.

Jedes Zusammentreffen mit anderen Menschen sollte von der Frage begleitet sein, was sich wohl an Karmarealität offenbaren mag. In intensiveren Begegnungen spielt stets solches herein. Wir dürften gar nicht lange hadern, ob dies uns genehm ist.

Worauf es vielmehr ankommt, ist das Wie des Antwortens. Dadurch wird mitbestimmt über karmische Fortsetzungen. Sonst kann Wertvolles im Schicksal verloren gehen und Schwieriges sich noch erheblich steigern.

Weil das Karma zutiefst mit dem eigenen Wesen zusammenhängt, schaden wir uns selber, wenn es ignoriert oder gar abgeschmettert wird. Jene Entwicklungschance, auf die jemand unbedingt angewiesen wäre, ist beeinträchtigt.

Falls wir uns nicht damit befassen, wird vielleicht verworfen, wodurch die wichtigsten Wendungen ins bisherige Leben hereintreten können und wollen. So darf nicht zur billigen Redensart werden, dass alles wiederkehrt.

Rückkunft waltet immerdar. Wir sollten nicht daran herumdeuteln, sondern uns überlegen und ausprobieren, welche Haltung verlangt ist für die dem Karma entsprechende Weiterführung.

Keineswegs heißt das, dass wir uns allem nur fügen sollen. Vieles mag uns seltsam, unangebracht oder sogar empörend dünken. Dadurch wird offensichtlich, was an schicksalsmäßiger Unstimmigkeit aus früheren Zeiten hereingestaltet. Jetzt gilt es Fehlendes anzufügen beziehungsweise überhaupt erst neu zu entwickeln.

Unverzichtbar sind hier die Qualitäten jener sogenannten Nebenübungen, wie sie zum anthroposophischen Geistesweg dazugehören (nach »Wie erlangt man Erkenntnisse der höheren Welten?« von Rudolf Steiner).

Erstens beginnt das mit einer Kontrolle des Denkens. Sonst lässt sich überhaupt nicht klar wahrnehmen, womit wir im jeweiligen Einzelfall zu schaffen haben.

Zweitens ist eine Übung des Willens notwendig. Einzig wenn wir gelernt haben, durch regelmäßige frei gewählte Handlungen uns selber zu aktivieren, sind die Turbulenzen im menschlichen Miteinander durchzuhalten. Andernfalls wird schnell resigniert.

Zusätzlich ist drittens eine Ausgewogenheit im Gefühlsleben anzustreben. Dies allein verhindert, dass wir entweder zu stark angezogen oder wieder allzu sehr abgestoßen sind.

Weiterhin verlangt ist viertens eine echte Positivität. Sie hilft, in jeder Beziehungsangelegenheit etwas Gutes zu erkennen, auch wenn noch so widrige Umstände beteiligt sein mögen.

Immer wieder ist fünftens um neue Unbefangenheit zu ringen, damit nicht problematische Vorkommnisse unseren Blick trüben für weiteres Begegnen. Genausowenig dürfen wir behindert sein durch überzogene Zuwendungsansprüche.

Sechstens sind all diese Übungen als eine Ganzheit anzuschauen. Dann wird bemerkbar sein, wo Vernachlässigungen vorliegen und wie überhaupt jede einzelne dieser Seelenqualitäten ständig weitergepflegt werden muss.

Anders lassen sich die karmischen Lebensprüfungen nicht bewältigen. Nur wenn wir ständig Übende bleiben auf der Grundlage eines modernen geisteswissenschaftlichen Erkenntnispfades, wird den Schicksalsherausforderungen gegenüber angemessen reagiert.

Mag sich zwischendurch noch so sehr etwas in uns sträuben, darf das nicht den Ausschlag geben über weiteres Verhalten. Auch dem Empörenden wird etwas Sinnvolles abzugewinnen sein, indem wir genügend Selbsterforschung betreiben.

Dadurch kann ein Überwinden von Eigenschaften geschehen, die uns sonst im Wege stehen oder uns gar in stets schlimmere Verhängnisse hineingedrängt hätten. Zu einer fortwährenden Schicksalsschule wird unser Dasein.

Dort, wo etwas am eindringlichsten bis aufwühlendsten ist, werden wir nur im liebevollen Üben unseren Frieden finden. Immer freundlichere Züge lassen sich entdecken, obwohl sich fast alles aufzulehnen schien.

Zuerst hadern wir damit und empfinden eine mächtige Zurückgeworfenheit. Doch hat dies sein Bedeutsames. So können karmische Fäden wieder aufgegriffen oder neu geknüpft werden, die unverzichtbar sind für ein Zukunftsbewältigen.

Seien wir deshalb versöhnt mit vermeintlichen karmischen Ärgernissen. Sie können später zur Rettung werden indem sich festere Bande bilden, welche den Sturz in gefahrenvolle Untiefen verhindern.

Was jetzt als äußerst schwierig gilt, mag zukünftige Stärke bedeuten. Insofern wir auch Absonderlichkeiten gut bemeistern, die uns im gegenwärtigen Schicksal entgegentreten, formen sich tragende Kräfte heraus, die sonst beim Weiterschreiten mangeln würden.

Unsere Bedrängnisse kommen nicht von ungefähr. Meist sind das Vergangenheitslasten, die den Menschen einholen, sobald er sich intensiver fürs Miteinander öffnet.

Ohne das Ringen um wahrhaftiges Karmaverständnis irritiert das kolossal. Einzelne Personen macht es richtig wütend. Sie haben sich eventuell mit innigsten Partnerschaftsgefühlen jemandem zugewandt – und prompt bricht eine tragische Störung im Beziehungsleben hervor.

Wie waren wir einem oder mehreren Menschen freudig zugeneigt! Ein Freiraum der Liebe ergab sich. Und gleich darauf schießt unaufgearbeitetes Schicksal hinein.

Nichts macht uns mehr zu schaffen als das. Vor Fehlreaktionen sind wir hier nur geschützt, wenn ein genügendes Bewusstsein um karmische Hintergründe existiert. Ohne dass allzu viel gewusst wird, weil dies eher manche Boshaftigkeit provozieren könnte!

Es ist durchaus angebracht, dass wir nicht gleich alles von dem kennen, was an alter Schicksalsverquickung ins zuvor besonders schöne Hingegebensein hineingeplatzt ist. Zuviel Einzelheiten könnten ein noch verbitterteres Empörtsein heraufbeschwören.

Unabdingbar ist jedoch ein Ja-Sagen zum Schicksalswalten generell. Allein das kann uns vor unwirschen Grobheiten schützen. Für umfassendere Einblicke in unser eigenes sowie manches gemeinsame Karma müssen wir eine genügende Seelenreife erwerben.

Vorschnelles Herauskitzeln von konkreteren Details im Schicksal oder gar ein ungefragtes Überstülpen von diesen gegenüber einer fremden Person kann stattdessen schon wieder einen Angriff aufs gesunde Akzeptieren von den Karmaverläufen bedeuten, zumal häufig auch Täuschungen beigemischt sind.

Weder das Ignorieren der Schicksalsvergangenheit ist dienlich noch eine allzu einseitige Fixiertheit darauf. Allmählich nur entwickelt sich ein genügendes Unterscheidungsvermögen. Dieses lässt uns bemerken, ob jemand geistesgegenwärtig aus seinem Ich handelt oder von irgendwelchen karmischen Reflexen geprägt bleibt.

Bisweilen spulen einzelne Personen eine Art von Programm ab, reden ununterbrochen drauflos oder hängen an ganz starren Gewohnheiten fest. Wo haben sie dies gelernt? Es mögen mitgebrachte Vereinseitigungen aus einem einstigen Leben sein.

Allein im Durchschauen können wir uns hiervon befreien. Wer solche Schwächen ignoriert oder deswegen auch abgestempelt wird, hat viel mehr Mühe sich von ihnen zu befreien.

Außerdem soll das Alte im Karma nicht einfach ausgetrieben werden, sowenig wir ihm verfallen bleiben dürfen. Wie auf einem Amboss gilt es darauf neue Seeleneigenschaften herauszugestalten beziehungsweise das Mitgebrachte umzuschmieden.

Wandlung am Anderen

Wollen wir uns in eine heilsame Zukunft hineinbewegen, kann ein Stärken des eigenen Wesens aus einem geeigneten Sich-Befassen mit den Vergangenheitskräften gefordert sein. Oft ist dabei ein Wechselbad von Gelähmtheit und Wut zu durchstehen.

Mal will sich Früheres in uns austoben, danach sind wir wiederum voll Verzweiflung deswegen. Leider wird häufig auch versucht, dasjenige, wovon unser Inneres gewissermaßen überschwemmt ist, auf nahestehende Menschen auszuschütten.

Uns selber können wir kaum daraus befreien. Deshalb dann andere belästigen? Das ist an sich völlig verwerflich und geschieht trotzdem nicht so selten, weil solch ein Horror waltet vor dem ehrlichen Eingeständnis der Schicksalsüberforderungen.

Es ekelt uns gar davor, fast als seien wir mit einem Dämonenwerk konfrontiert. Des öfteren wird das noch auf Persönlichkeiten projiziert, welche uns unangenehme Schicksalslagen bewusst machen. Sie erfahren dafür keinen Dank, sondern sind deswegen verketzert und gemieden.

Wohl wird gespürt, dass Widerstrebendes existiert und das Verhältnis zueinander erschwert. Doch anstatt eine Überwindung hiervon als gemeinsame Aufgabe zu betrachten, sind lieber Sündenböcke gesucht, denen sich eine angebliche Schuld zuschieben lässt.

Viel Ungutes im zwischenmenschlichen Bereich entsteht durch die Tendenz, bestimmte Personen anzuklagen, wenn etwas Unangenehmes auftritt. An sich könnte das aufzeigen, dass die betreffenden Individuen sehr miteinander zu tun haben.

Solche Belastungen umzuschaffen, verlangt große Ausdauer. Durchaus mag der direkte Umgang einzelner Beteiligter zeitweise zu problematisch sein. Über Dritte könnte dennoch eine gewisse Verbundenheit aufrechterhalten werden.

Zumindest wäre einzusehen, dass zuviel dichte Nähe für eine Weile kaum verkraftbar ist. Stets wieder braucht es einigen Abstand, um mit demjenigen zurechtzufinden, was schon ein kurzes Zusammentreffen auszulösen vermag. Dies wäre weit angebrachter als sich gegenseitig zu quälen. Mitunter können richtige Erniedrigungen auftreten, wenn nicht zwischendurch innegehalten wird.

Allzu leicht dürfen wir uns das jedenfalls nie vorstellen. Mit simplen Durchhalteparolen ist wenig geholfen. Stattdessen wäre größtmögliche beziehungsmäßige Beweglichkeit gefordert. Sobald etwas heraufstößt oder hervorbricht, was eine heikle Schicksalsbeschwernis betrifft, wird wiederum Distanz benötigt, um dies zu verdauen.

Niemals sollten wir deshalb nur über andere schimpfen und sie noch anprangern. Dies verrät nur, welche

Verbitterung oder gar Vergiftetheit in einem selber sitzt. Hier liegt das Problem!

Schlimm ist nicht der Mitmensch, sondern im eigenen Verquicktsein mit ihm lebt Verderbliches. Etwas mag zu eng an uns haften und verlangt eine Auflockerung. Insofern bedarf es einer gelösteren Verfasstheit des persönlichen Wesens. Sobald wir das erreichen, kann sich auch in der Verbindung nach außen hin einiges bessern.

Nahestehende setzen uns oft sehr zu. Anstatt dagegen anzustürmen, wäre etwas von der inneren Enge aufzugeben. Solches lässt sich aber nicht einfach am Schreibtisch praktizieren. Dort ist dies höchstens einzusehen.

Was nicht unwichtig wäre! So schreiten wir vorbereitet hinein ins eigentliche Schicksalsüben. Dieses kann sich jedoch nur im konkreten Zusammenleben zutragen.

Wir bedürfen eines Gegenübers, um notwendige karmische Wandlungen in die Tat überzuführen. Dann kann auch Wertvolles aus dem eigenen Inneren emporgehoben werden. Nicht wenige Einzelne hüten sogar reiche Schätze in sich.

Sie sind nur heraufzubefördern mit Hilfe uns anregender Schicksalspartner. Diese besitzen sozusagen den Öffner dafür. Sonst bleibt die karmische Schatztruhe blockiert.

Insgeheim sind viele von uns Schlossbesitzer. Was sie voranbringen kann, ist in eigenen Wesenstiefen verborgen. Doch ist der Weg zum Schatz versperrt.

Der uns zugehörigen Schicksalsergänzungen bedarf es hierzu. Allein wären wir überfordert, um dasjenige zu erschließen, was das Karma zwar vorbereitet hat. Aber dieses gibt sein Geheimnis nicht ohne weiteres preis.

Über den Schlüssel verfügen gerade jene, mit denen wir gewisse Schicksalsproben absolvieren müssen. Danach darf erst jenes Hemmende fallen, das davor bewahrt, uns in unreifer Weise an edlen Karmawerten zu vergreifen.

Eine Entweihung würde andernfalls drohen. Das Kostbarste könnte verworfen sein, wenn wir nicht die rechte Art erlernen, den verborgenen Schicksalshilfen passende Wertschätzung entgegenzubringen.

Unsere Einweihungsassistenten werden just jene menschlichen Mitgeschwister, mit denen karmisch etwas zu bereinigen ist. Sie erlauben es, demjenigen gewachsen zu sein, womit wir sonst völlig missbräuchlich umgehen.

Anders gesagt, könnte uns das lastende karmische Kreuz zusammenbrechen lassen. Unsere Nächsten ermöglichen es, dass dieses in eine stabilisierende Funktion überwechselt. Obwohl deren Eigenheiten vielleicht keineswegs geringer sind, so mindert ein Mittragen die persönlichen Beschwernisse.

Um noch ein weiteres Bild zu gebrauchen: Gemeinsam lässt sich eventuell überhaupt erst auslöffeln, was wir uns schicksalsmäßig eingebrockt haben. Das karmische Verdauen wird dadurch leichter. Der eine Mensch relativiert die Problematik des anderen.

Auch wenn uns manches zunächst aufstößt! In der so eindringlichen Schicksalssprache heißt dies, dass genau hier etwas vorliegt, woran eine karmische Transformation erfolgen soll.

Zu große Brocken müssen geteilt werden. Wir könnten andernfalls daran ersticken. Gerade weil uns ein Mitmensch zusätzliche Mühe bereitet, lenkt das einiges ab von der individuellen schicksalshaften Gebanntheit.

Hängen wir zu eng nur am eigenen Karma, bezeugt es eine Übermacht. Zwischenmenschliche Aufforderungen schaffen etwas Freiraum, so dass daran besser weiterzuarbeiten ist.

Ehrliches Auseinander-Setzen kann der Anfang karmischer Lösungen sein. Dieses erlaubt, dass wir uns wieder aufrappeln, nachdem eine zu direkte Konfrontation mit Schicksalslasten umwerfend gewirkt haben mag. Oder es geschah ein erschrecktes Zusammenzucken, das manches Heikle noch stärker ansaugte.

Irgendwelche Verfehlungen ohne zusätzliches Verurteilen darzulegen, kann schon ein karmischer Freundschaftsdienst sein. Bereits dies gestattet eine viel entspanntere Einschätzung einer scheinbar nur misslichen Lage.

Indem ein Missgeschick besonnen angeschaut wird, kann bereits das Brückenbauen hin zu einer gesünderen Bewältigung beginnen. Scheinbar Schlimmes entpuppt sich als nicht so übel.

Ja es kann notwendig gewesen sein. Jenen verkehrten Tendenzen, wo ein verhängnisvoller Schritt in Abwegigkeiten hinein den nächsten bedingte, ist plötzlich Einhalt geboten. Was wir uns dadurch oft aufgehalst haben, lässt sich nie schlagartig beseitigen.

Denkbar ist lediglich ein allmähliches Herausdringen. Manches Vergangene besitzt nun einmal soviel Zähigkeit, dass wir es nur schrittweise abmildern können. Das hat trotzdem seinen tiefen Sinn. Denn dies vermag uns davor zu bewahren, in noch ungewissere Zukunftsverirrungen hineinzugleiten.

Stets wieder ist zu erleben, dass Früheres sich querstellt, wenn wir allzu ungestüm voranpreschen. Unaufgearbeitetes steigt empor und kann auch mit gravierenden Krankheiten zusammenhängen.

Wo ehemals überzogen oder was versäumt wurde, das korrigiert jetzt vieles. Dies kann uns vor zukünftien Übertreibungen schützen. Weit gemäßigter geht es sodann vorwärts.

Obwohl ein Abbremsen verlangt sein mag, kann das am besten erscheinen. Wir sind zu einer Umorientierung genötigt. Uns wird jener Lebensstil abverlangt, der den Einklang zum Gesamtschicksal wiederherstellt.

Kein Anlass zur Klage besteht somit. Ganz im Gegenteil soll sich ein Versöhnen mit den eigenen karmischen Lebensvoraussetzungen zeigen. Einzig in dem Grade, wie wir unseren Frieden damit schließen, wird es auch gut weitergehen.

Sofern von uns das Schicksalswalten nicht ernst genug genommen wurde, zeigt dieses seine strengeren Seiten. Nicht als Strafe wäre dies zu bewerten, sondern es tritt ein, auf dass wir zu einer vernünftigeren Ausrichtung in folgenden Lebensabschnitten hinfinden.

Manchmal wird uns über die leidende Leiblichkeit eine vernünftige Einstellung zur eigenen biographischen Situation beigebracht. Oder es helfen zwischenmenschliche Krisen nach. Bis dann die entsprechenden karmischen Lektionen befolgt werden, mag eine Wiederholung nötig sein.

Bestimmte Tücken müssen sich zuweilen gehäuft manifestieren, bevor wir bereit sind, sie genügend zu berücksichtigen. Irgendwann kann die Schicksalssprache so vehement sein, dass uns nichts übrig bleibt, als eine grundlegende Umorientierung einzuleiten.

Nicht sentimental oder gar depressiv sollten wir deshalb werden. Vielmehr wäre das als Unterstützung anzusehen, damit Wandlungsschritte sich entschiedener vollziehen.

Wo wir intensiveren Äußerungen des Karma begegnen, kann desto mehr Weiterführendes in unser Leben hineinkommen. Freilich muss sehr wach studiert werden, was für Konsequenzen daraus folgen sollten. Kein blindes Vertrauen ist gefragt.

Verlangt wäre stattdessen ein Schicksalsmut, der noch mitten in rätselvollsten Komplikationen überlegt, was daraus Gutes ersprießen mag. Nicht selten wird so erst erkennbar, mit wem verlässliches Zusammenwirken möglich ist.

Jene mitmenschlichen Bezüge, die in solchen karmischen Prüfungssituationen sich bilden oder daraus gestärkt emporsteigen, können zu einem sozialen Tragegrund werden. Sie haben eine schicksalhafte Stählung erfahren. Gleichzeitig sind Widrigkeiten überwunden, welche uns später am allermeisten niedergeworfen hätten.

Gediegen wie ein edles Metall und lichtesrein gleich einem Kristall kann solche schicksalsgeprüfte Menschenverbundenheit zu erleben sein. Voll unerschütterlicher Zuversicht dürfen wir uns damit in Zukunftszeiten bewegen.

HEILSAMES ERSCHÜTTERTSEIN

Durch Geistesübung können wir uns freischaffen von äußeren Abhängigkeiten. Ein Besinnen auf spirituelle Bezüge findet statt, wodurch die Seele sich ablöst von sinnlichen Gegebenheiten.

Indem ich mich auf einen rein geistigen Inhalt konzentriere, zum Beispiel eine sich unendlich erstreckende Linie, ist eine Befreiung möglich aus allem irdischen Geprägtsein. Das Denken hat Zugang zu einer spirituellen Grenzenlosigkeit.

Dadurch erkraftet sich mein Inneres und ich erzeuge eine gewisse Distanz zu den Äußerlichkeiten des Lebens. So ist das auch eine unverzichtbare Hilfe für alles Schicksalserkennen. Hierfür wird größtmögliche Unabhängigkeit benötigt.

Gleichzeitig folgt daraus: Mit jener inneren Wachheit, die geistiger Übung zu verdanken ist, wird intensiver eingetaucht in die Lebenszusammenhänge. Dann treten uns zunehmend Verflochtenheiten sämtlicher Wesen entgegen.

Wie ist es dazu gekommen? Das hat zu tun mit der ganzen Schöpfungsgeschichte. Deren Einfluss bis in die speziellen Abläufe des eigenen Daseins hinein haben wir im Schicksal vor uns.

Erst gilt es wiederholt unsere Geistbewusstheit zu steigern – was einherschreitet mit einer Erkraftung des Ich. Indem wir nun mit desto größerem Interesse eintauchen in die Weltabläufe, wird allmählich deren schicksalhaftes Verwobensein offensichtlich.

Für spirituelles Üben bedarf es einer konsequenten, fortgesetzten Bemühung. Bei dieser wird jene Ausdauer erworben, welche auch erforderlich ist, um karmische Relationen sprechend werden zu lassen, die zwischen den Weltwesen walten.

Ein stets bewussteres liebevolles Zusammenwachsen damit bringt uns im Wahrnehmen des Schicksals voran.

Kein plötzliches Überwältigtsein wird das, sondern ein stetig sich vertiefendes Eindringen in die betreffenden Gesetzmäßigkeiten.

Durchaus ist dies ein Einweihungsprozess. Aber er vollzieht sich in nahezu unmerklich kleinen Schritten. Sie dürfen gar nicht zu abrupt erfolgen, denn sonst fehlt es uns an Seelenreife, mit der wir auf karmische Einsichten angemessen reagieren können.

Hinzugefügt werden muss aber: Auch wenn die Einblicke, welche wir ins Karma erhalten, sich nur langsam ausweiten mögen, kann deren Wirkung auf uns dennoch kolossal sein. Nicht selten erweisen sich gerade kleine Begebenheiten als sehr schicksalsträchtig.

Allerdings sind oft heftige Verunsicherungen beigesellt. Mitunter genügt eine einzelne Bemerkung von einem Mitmenschen. Unser Wesen ist deswegen längere Zeit verunsichert.

Wer da nicht eine gewisse Geistesruhe und Friedsamkeit in sich gepflegt hat, kann sehr emotional reagieren. Was eigentlich die Chance zum Auflösen einer schicksalsmäßigen Vorbelastung beinhaltet, das erzeugt so neuerliche Komplikationen.

Bestehende karmische Verwicklungen werden dann verschlimmert, statt gelöst. Natürlich kann das wie eine seelische Wunde sein, die berührt gewesen ist. In dieser sollte nicht herumgestochert werden. Vielmehr wäre einfühlend und behutsam mit solchen heiklen Situationen zu verfahren. Eigentlich spricht das Schicksal zu intensiv und es droht manche kopflose Reaktion.

Doch kann auch Gegenteiliges stattfinden, indem so etwas wie eine Blindheit oder Taubheit existiert in bezug auf Schicksalsbezeugungen. Dann bedarf es zahlreicher Hinweise oder Einwände durch andere Menschen, bis endlich begriffen wird: Das Karma hat längst gesprochen, aber vielerlei Hemmnisse sind noch vorhanden.

Jedenfalls muss dem Schicksalsverständnis häufig entschieden auf die Sprünge geholfen werden, egal ob jemand zu ungehalten ist oder umgekehrt voller Blockaden. Meistens waltet sogar ein Gemisch, wo sehr aggressive Abwehr nach außen hin erfolgt und zugleich gemauert wird im Hinblick auf das Anerkennen innerer Betroffenheit.

Hier wird vor einer doppelten Übungsaufgabe gestanden. Einerseits gilt es das zu beschwichtigen, was die Seele allzu sehr aufwühlt. Und zum anderen sollten wir uns nicht lähmen lassen von niederziehenden Gefühlen.

Im Grunde bedarf es eines gesunden Wechsels zwischen karmischen Gelegenheiten und einem erholsamen Gegensteuern. Mal müssen wir die Initiative ergreifen und auf jemanden zugehen, der sich nicht öffnet. Schnell kann zu intensiv sein, was wir ihm entlockt haben. Sodann muss wieder einiges zur Ruhe finden.

Ein langwieriger Balanceakt kann hier erforderlich sein zwischen unserem Hinwenden und einer Zurückgehaltenheit. Sonst werden wir allzu leidvoll aufgerieben wegen dem Hineingezogensein in unbewältigte zwischenmenschliche Schicksalsproblematik.

Entwirren soll sich wiederum, was uns in sehr einschneidende Schicksalsverwicklungen gebracht hat. Gefesselt sind wir dabei mitunter wie an Schwergewichte.

Gelingen wenigstens bestimmte Auflockerungen im Schicksalsgeflecht, schafft das Spielraum, um sich seelisch ungezwungener zu fühlen und flexibler weiterzumachen. Das bringt manchmal schon eine wichtige Entlastung zustande.

Sind wir lediglich fixiert auf irgendwelche Schicksalsfesseln, lässt sich oft gar nicht bemerken und aufgreifen, was längst an entlastenden Anknüpfungen vorhanden ist. Unser Kopf sieht vorwiegend das Schwierige, während das Karma selber vielleicht bereits weiterführende Fingerzeige parat hält.

Von unserer Verstandesfixiertheit wird dies verursacht. Sie hängt an vorwiegend kreisförmigen Gedankenbahnen. Mit denen ist zwar vieles klar zu erfassen, doch bringt das manche Einengung mit sich.

Gefühlsmäßig sind wir daraufhin meist hin und her geworfen. Scheinbar gibt es kein Entkommen aus einer verfahrenen Lage. Geblickt wird nur noch auf mögliche Zuspitzungen.

Lassen wir die Pendelbewegung der Gefühle weiter zu, so trägt das bei zu karmischen Freiräumen. Indem unser Wesen mehr Umsicht erlangt, werden neue Möglichkeiten erblickt, welche aus dem vermeintlich Auswegslosen herausleiten.

Wenn der Mensch diese Chancen realisiert und nutzt! Zuweilen tappen wir einige Zeit im Dunkeln und müssen vielmals probieren, ob dennoch etwas Voranführendes existiert – ohne dass dies zunächst erschaut wird.

Auch wenn das nicht zutrifft, kann aus einem Ringen mit beharrenden Widerständen eine Willensstärkung erwachsen. Diese neugebildeten Kräfte gestatten eventuell erst, über uns blockierende Schicksalshürden hinwegzuschreiten.

Seien wir also nicht verbittert, wenn sich etwas in den Weg stellt. Daran ist vielleicht zu erwerben, was uns weiterleiten kann.

Ohne dieses Aufgehaltensein wären wir möglicherweise auf verderbliche Bahnen geraten. Deshalb sollte durchaus auch bei anscheinend sehr tückischen Schicksalsverhältnissen die Frage existieren, ob dies uns nicht vor weit Schlimmerem verschont – selbst wenn ein Zerwürfnis stattfindet oder eine peinigende Krankheitsphase durchzumachen ist.

Sowieso liegt meist ein riesiger Unterschied zwischen dem, was draußen abläuft und was innerlich geschieht. Das eine mag mit einem komplizierten Abstreifen zu tun haben, das andere in einen Befreiungsprozess einmünden.

Nach dem Überwinden von Beschränkungen aus der Vergangenheit sind wir vielfach erst fähig, durch Zukunftstore zu gelangen. Obwohl nicht wenige Personen sich beklagten wegen dem Unangenehmen, das ihnen ihr Karma präsentierte, mag später anerkannt werden, wie weisheitsvoll vieles war.

Trotz anfänglichen Schimpfens wendet sich zuletzt vieles um in große Dankbarkeit. Bisweilen regte die aufgetretene Unzufriedenheit noch eine Vermittlung an, ohne die es nicht weitergegangen wäre.

Von unserer momentanen Einstellung her betrachten wir dasjenige häufig als fragwürdig, was uns das Karma nahe bringt. Von einer tieferen Schicksalsweisheit aus kann es dennoch am besten sein.

Heftigstes Erschüttertsein mag dazugehören. Ohne dieses hätten sich bestimmte Verhärtungen nicht aufbrechen lassen. Freiwillig wären wir dazu kaum imstande gewesen. Was sich vom Schicksal aus beigefügt hat, ist ein partnerschaftliches Ergänzen gewesen – auch wenn wir meist eine Weile brauchen, um es so zu deuten.

Falsche Neugier hätte einiges vereitelt! Deshalb ist es eher ein Schutz, wenn wir nicht gleich wissen, was die Schicksalsverläufe alles für uns vorbereiten.

Sonst wird probiert, das zu durchkreuzen. Oder durch eine Vorausahnung ist der Mensch so belastet, dass kein freies Verhalten mehr gelingen kann.

Nutzen wir also besser die Zeit, uns geistig zu stärken und unsere Seele beweglicher zu machen. Dann mag kommen, was will, wir werden stets versuchen, dass etwas Gutes daraus entstehen kann – selbst wenn gar Angriffe drohen.

Durchaus mag unser positives Streben karmische Ungelöstheiten schneller emporfördern. Dies sollte nicht erschrecken, sondern als Chance gelten, etwas abzuschwächen oder umzulenken, das sich verheerender ausgewirkt hätte.

Wie ein vorgezogenes Unglück kann solches manchmal dünken. Es verhütet jedoch vielleicht ganz katastrophale Endzustände beziehungsweise es hilft vermeiden, dass wir in vernichtende Abgründe hineingerissen sind.

Mögliches Unheil intelligent zu bekämpfen, könnte umgekehrt die Zukunftsgefahren versteckter auftreten lassen. Wogegen wir anarbeiten, das kehrt eher fataler zurück.

Ist der Mensch dagegen bereit, etwas von dem zu opfern, worüber von ihm in der Gegenwart verfügt wird, so kann dies für spätere Zeiten gerade eine Erleichterung bringen. Ansonsten mögen nicht wenige Lasten zu gewaltig sein, welche uns in zukünftigen Epochen erwarten. Im Bewusstsein hiervon lässt sich besser verkraften, wenn wir mal hier oder dort partiell scheitern.

Weil es dann im großen Ganzen sicherer weitergeht, sollten uns zwischenzeitliche Peinlichkeiten nicht verdrießen. Was nun einigermaßen verkraftbar ist, können wir deswegen auch unverzagter bejahen, obwohl dies für eine Weile recht schmerzvoll sein kann.

Aus der zunehmenden Gewissheit, dass die folgenden Inkarnationsetappen so eventuell überhaupt erst einigermaßen menschenwürdig durchzuhalten sind, lassen sich gegenwärtige Leidensphasen desto gutgesinnter bewältigen. Es gilt, sich Überzogenheiten abzugewöhnen und Falsches geradezu auszusondern.

Von Verkehrtem sollen wir uns scheiden, nicht von wertvollen Anliegen sowie Verbindungen. Was letztere bedeuten, wird manchem Menschen leider dann allein richtig deutlich, wenn er ganz unten ist und seine eigenen Verfehltheiten niemandem mehr auflasten kann.

An solchen Tiefpunkten im Leben lässt sich nicht selten erst einsehen, wie viele helfende Fingerzeige des Schicksals missachtet gewesen waren. Dem muss nunmehr unter meist schwierigeren Bedingungen nachgestrebt werden.

Überraschende Vermittlungen

Karma ist relativ leicht zu verkennen. Vieles war schon einmal nah, erschien allzu anstrengend und wurde verstoßen. Wir sollten uns wenigstens einigermaßen bewusst machen, worum es sich handelte.

Jemand war vielleicht sehr eingeschüchtert. Ein anderer hatte zu ungehalten reagiert. Solches bringt allerlei Konfusionen ins Schicksal hinein. Doch hat dies nun einmal auch mit unserer Freiheit zu tun. Hiermit können zahlreiche irrige Verhaltensweisen einherschreiten.

Irgendein Ablehnen oder Abwehren ist aber noch keine volle Freiheitsbezeugung. Um so eindringlicher zeigt sich, welche Risiken dazugehören und warum es so viele Umwege oder Rückschläge in unserer biographischen Entwicklung gibt.

Desto mehr selbständige Einsicht und Bemühung wäre nun aufzubringen, damit wieder zusammenstreben kann, was sich zunächst gemieden oder zerstritten hat. Neue Schicksalschancen bieten sich – wobei allerdings die Eigeninitiative immer stärker gefordert ist.

Einerseits kann das Karmawalten als notwendige Ergänzung zu unseren Freiheitsrisiken anerkannt werden. Zuviel wäre längst verworfen und entfallen, was zu unserer eigenen Wesensentfaltung gehört. Zum Glück wirken da gütige Götter als weisheitsvolle Schicksalsmächte, die unser Treiben so stark spiegeln, dass sich alles umwenden und zurückkehren kann.

Andererseits müssen wir uns dann weit intensiver anstrengen, um sowohl miterzeugte Härten zu ertragen als auch herauszufinden, wenn karmische Bezüge behutsamer oder versteckter auftreten.

Manches erscheint in der Folge hartnäckiger. Das haben wir selber mitverursacht durch empörtes Zurückweisen oder eventuell sogar ein gezieltes Bekämpfen.

Nicht weniges waltet verborgener. Wir müssen mit bestmöglicher Aufmerksamkeit nachlauschen und nachforschen, um herauszufinden, was schon mal verkannte Schicksalsereignisse nun mitteilen wollen. Zuweilen sind es sehr leise Winke, die dennoch von Wert für uns sein können.

Nur eine Frage mag jemand an uns gerichtet haben oder eventuell einen leisen Vorwurf. Was das bei uns auslöst oder wo es hinführt, kann große Bedeutung haben. Mitunter ist sogar ein Missverständnis, ja ein vermeintlich falsches Verhalten der Auslöser.

Zu einer wichtigen Begegnung kann das trotzdem hinleiten, zum Beispiel indem wir in einen anderen Eisenbahnwaggon steigen, als dies ursprünglich vorgesehen war. Und dort ist ein Zusammentreffen mit einer Person möglich, die für uns wesentlich wird.

Häufig sind es ungeplante Umstände und Umwege, welche entscheidende Veränderungen in unserem Leben erzeugen. Selbst wenn zwischendurch ein Missgeschick passiert, kann dies seine Wichtigkeit haben. Vielleicht wird auch eine Gefährdung früher bemerkt.

Später hätte dies verheerende Folgen haben können. Aufgrund vermehrter Achtsamkeit sind wir nun vor einigem geschützt – sofern genügend aus scheinbar unliebsamen Zwischenfällen gelernt wird.

Ärgern wir uns deshalb nicht zu sehr, wenn das Karma für Überraschungen sorgt, die eher als unbequem gelten mögen. Wer weiß, eventuell bringt ein Hemmnis erst jenes Aufmerken zustande, welches verhütet, dass an einer wichtigen Gelegenheit beflissen vorbeigezogen wird.

Ich darf aber nicht allzu verstockt oder empört sein, weil dadurch bereits wieder verworfen sein kann, was der Schicksalsverlauf für mich vorbereitet hat. Somit braucht es stets zweierlei: eine Offenheit hinsichtlich der jeweiligen Lage, die mir vom Karma präsentiert wird – und ein erkenntnisvolles, geradezu intuitives Gespür für das passende Eingehen darauf.

Manchmal mag auch ein Unterlassen richtig sein, damit wir selber nicht in destruktive Kämpfe hineingerissen oder Abhängigkeiten ausgeliefert sind, gegen die kein Standhalten mehr möglich wäre. Sonst könnte vielleicht nur noch Ungutes entstehen.

Jedoch werden wir auch schuldig, wenn ein Unrecht oder schon eine Unwahrhaftigkeit ungenannt bleibt. Einzusehen wäre trotzdem, dass vieles, womit uns das moderne Lebensschicksal konfrontiert, allein nicht zu bewältigen ist.

Wir haben es zumeist nicht allein eingebrockt. Zu belastend sind zahlreiche Lebenssituationen für Einzelne geworden. Jetzt müssen weitere Individuen mit anpacken, häufig aus ganz unterschiedlicher Richtung herstammend, damit manche Verfahrenheit wieder lösbar wird.

Oft ist zu hören: Ich schaffe es nicht – und deswegen geschieht nichts. In Wirklichkeit ist die Last allein zu groß und wir sollten schauen, wo uns das Schicksal einige Helfer oder Partner zugesellt haben mag.

Aufzupassen ist dann allerdings erst recht, dass nicht infolge mitgeschleppter karmischer Komplikationen neuer Streit angefangen wird. Jedenfalls scheitert daran häufig der Versuch, akute Gegenwartsaufgaben zu beheben. Jene, die dafür schicksalsmäßig zusammengeführt sind, werden von mitgebrachten Befangenheiten so vereinnahmt, dass sie sich nochmals gegeneinander ereifern.

Heilsam kann hier sein, wenn Menschen einbezogen sind, welche keine intensiven diesbezüglichen Mitbelastungen einbringen. Es wäre deshalb nicht sehr empfehlenswert, immer in allzu engen, angestammten Kreisen zu verbleiben.

Irgendwie ist dies doch die beste Mischung, wenn in zusammenarbeitenden Menschengruppen sowohl Personen versammelt sind, die ein spezielles Karma verbindet, und weitere, welche sich sonstwie dazugesellen. Das eine bringt unbedingt nötige Zusammenhangskraft hervor, das andere lockert wiederum einiges auf. Weder soll es zu oberflächlich zugehen, noch dürfen zuviel diffizile Verwicklungen hereinspielen.

Letzteres schnürt die Seele bisweilen so sehr ein, dass ihr geradezu der Lebensatem geraubt ist. Ein grimmiger Ernst kann uns dann überkommen, der niemandem mehr Freude bereitet. Alles droht zum Jammertal zu werden.

Wie befreiend ist es, falls weniger verstrickte Persönlichkeiten hinzukommen, die durch ihr Dabeisein bereits etwas Ausgleichendes beitragen! Dann kann verkraftet werden, was uns ansonsten seelisch fast ersticken lässt.

Es ist nun einmal so, dass durch die Nähe bestimmter Individuen, mit denen wir vom Karma her sehr zu schaffen haben, sich in unserem Inneren vieles verkrampft. Wir können nicht mehr entspannt reagieren. Eine ziemliche Schärfe prägt sodann unsere Stimme und sehr schnell werden verletzende Bemerkungen ausgeteilt.

Sobald jemand mit anwesend ist, der sich hiervon nicht beeinflussen lässt, können hindernde Blockaden entfallen. Natürlich wäre daneben anzustreben, dass diejenigen eine größere Unbefangenheit entwickeln, die von soviel Härte oder Unnachgiebigkeit geprägt sind.

Aber dies verlangt meist ein langwieriges Bemühen, weshalb dennoch zu wünschen ist, zwischendurch unverkrampftere Begegnungen mitzuerleben. Das kann helfen, dass wieder eine Lockerheit auch in blockiertere soziale Verhältnisse einzieht.

Zuvor wäre schon viel gewonnen, wenn deutlicher gespürt wird, wie nach einer Weile des Zusammenseins sich einiges zu eng oder verstockt erweist. Dann bedarf es eines erneuten Abstandes, um überhaupt zu verdauen, was in seelische Aufwallung geriet.

Immer souveräner sollten solche Erfahrungen akzeptiert werden, ohne großes Verurteilen und frei von irgendeinem Beleidigtsein. Wir müssen einsehen, dass uns manches aufstößt, was auf zwischenmenschlichem Felde emporgefördert wird. Das sind zuweilen recht harte Brocken, die sich nicht so leicht auflösen lassen. Vom Schicksal sind eindeutige Schranken aufgerichtet. Sie stellen sich dazwischen und verlangen, erst mit einem Eigenanteil daran fertigzuwerden, bevor im Miteinander wiederum Erleichterungen möglich sind. Der Einzelne hat also gewisse karmische Hausaufgaben abzuleisten.

Allein wenn wir bereit sind, das als Verpflichtung fürs eigene Wesen zu akzeptieren, werden sich die gegenseitigen Schicksalsverhältnisse gesunden lassen. Wie rätselhaft einiges auch sein mag, es wird allmählich eine Besserung eintreten, wenn wir zunächst einmal bei uns selber etwas in Ordnung bringen.

Zwar trifft weiterhin zu: An unserem Karma schaffen göttliche Wesenheiten mit. Längst aber wurde nicht weniges so vermurkst, dass wir uns dem endlich vorbehaltlos stellen müssen. Nur dann bleiben die ergänzenden höheren Hilfen erhalten.

Leidvolle Lücken und Lasten sind dem uns begleitenden Schicksal beigemischt, bedingt durch eigene Versäumnisse und Überzogenheiten. Insofern trifft der unerschrockene Blick aufs Karmawalten mancherlei Unangenehmes an. Einiges hat sich wieder kraftvoller auszubilden, anderes zu mäßigen.

Wohl gilt weiterhin, dass das Schicksal ein sprechendes Buch ist bezüglich unseres durchzumachenden Entwicklungsweges. Doch existieren Bruchstellen darin und Hindernisse türmen sich auf, die wir nicht einfach unbeschadet passieren können.

Mal müssen wir ein mühevolles Zusammenfügen lernen. Oder umgekehrt sollte eine große Belastung in Teilaufgaben gegliedert werden. Nur dann lässt das Karma wieder ein gutes Vorankommen zu. Wer sich allzu leichtsinnig darüber hinwegsetzt, den holen später um so unerbittlichere Rückschläge ein.

Dies sollte früher durchschaut und anerkannt sein! Sicherlich kann der stets klüger und ehrgeiziger werdende Mensch sich unbequemen Begebenheiten leichter entziehen. Danach trifft es ihn um so vertrackter mit Krankheiten und Zerwürfnissen.

Mehr Bescheidenheit wäre aus diesem Grunde ratsam. Wir sollten kleine, etappenweise sich meldende Schicksalsproben freundlicher annehmen. Daraufhin werden spätere, heftigere Herausforderungen besser verkraftbar, statt dass sie uns völlig umwerfen.

Kleine Schritte in großen Zusammenhängen

Ob wir an dem, was die Götter schicken, niederbrechen oder uns daran erheben, ist vom vorherigen guten oder mangelnden Vorbereitetsein abhängig. Jene Zeiträume, wo unser Karma einen ruhigeren Verlauf nimmt, sollten zur innerlichen Stärkung genutzt werden, auch um mehr seelische Zuwendungskraft sowie kreative Flexibilität zu entwickeln.

Dann ist dem, was den Menschen intensiver bedrängt, angemessener zu entsprechen. Das betrifft nicht bloß individuelle Schicksale, sondern auch jene von Gruppen oder gar weltweite Angelegenheiten. Oft mag zwar gelten, dass ein Einzelner wenig bewirken kann.

Nichtsdestoweniger besagt dies jedoch gerade, dass es eine ganze Anzahl möglichst gut vorbereiteter Personen braucht, um Veränderungen hervorzubringen, wie sie von größeren Gesamtschicksalen her gefordert sind. Die Bedeutung von Einzelinitiativen wird dadurch keineswegs geringer. Sie müssen sich jedoch abstimmen mit dem, was gegenseitig angebracht ist.

Dass eine Zeit erst fähig werden muss, weiterführende kulturelle und soziale Impulse aufzunehmen, trifft immer häufiger zu. Durch aufklärende Bestrebungen lässt sich aber hierzu beitragen, damit heranreift, was für eine jeweilige Gesellschaftssituation gefordert ist. Andernfalls können ganze Menschenscharen in sehr leidvolle Zustände gerissen sein.

Dennoch liegt auch für umfassendere Sozialprozesse ein gewisser Trost darin, dass vom Weltschicksal stets neue Gelegenheiten geschaffen werden, wo sich manches Verpasste aufgreifen lässt. Allerdings kann das unter stark geänderten Bedingungen erfolgen, weshalb Personen und Erdgebiete, die zunächst etwas privilegiert gewesen sein mögen, es danach desto schwerer haben.

Hingegen dort, wo verschiedene Menschenkreise vom Schicksal noch nicht so verwöhnt worden sind, sondern eher schmerzliche Entbehrungen erfahren mussten, kann plötzlich weitaus mehr Offenheit für neue spirituelle oder auch praktische Schritte walten.

Dankbar dürfen wir durchaus sein, dass das Karma wiederholt Möglichkeiten bietet, um eigene und gemeinsame Versäumnisse nachzuholen. Doch bedarf es zugleich intensivster Aufmerksamkeit, um zu bemerken, an welchen Orten sich etwas von dem fortsetzt, was durch uns ungenügend gepflegt oder sogar verstoßen worden war.

Dennoch sollten wir nicht unbedingt große Erfolge ersehnen. Diese hängen meist mit faszinierenden Persönlichkeiten zusammen, die spezielle Begabungen aus früheren Leben mitbringen. Eine Weile kann das ungeheuer anziehend sein, ist aber mehr oder weniger schnell verbraucht. Hinterher bleibt häufig nur ein Scherbenhaufen zurück.

Da wäre es doch angebrachter, erst einmal für sich einiges zu erproben. Sodann können Interessenten gewonnen werden, mit denen ein Weitertragen über den eigenen Umkreis hinaus sinnvoll ist.

Betreiben wir das, was uns zutiefst ein geistiges, künstlerisches und soziales Anliegen ist, in einer überzeugenden Manier, bedarf dies keiner besonderen Propaganda. Diese hat immer etwas Aufdringliches oder Aufzwingendes.

Dadurch könnten wir selber wieder in karmische Abhängigkeiten hineingeraten. Denn die Art, wie von uns aus in die Welt gewirkt wird, bereitet stets entsprechende Schicksalsfolgen vor.

Diejenige Haltung, die jeder persönlich vorlebt, stellt schon eine karmische Anfrage dar. Es ergeht ein Ruf in die Welt hinein. Was dann zurückhallt, damit können unterschiedlichste Schicksalsantworten verknüpft sein.

Im besten Falle ist längst darauf gewartet worden. Vielleicht gesellt sich bei, was unverzichtbare Ergänzungen zu demjenigen hinzufügt, das wir eingeleitet haben. Dies wäre geradezu ideal.

Leider ist die eigene Gesinntheit nicht immer so ganz edel. Mancherlei kann beigemischt sein, was mit individuellen Unzulänglichkeiten oder gar ehrgeizigen Absichten zu tun hat. Das ruft oftmals verwandte Mängel bei Mitmenschen hervor. Zum Vorschein kommt, was wir gemeinsam noch zu bereinigen haben, bevor unser Karma andere Schritte zulässt.

Davon wähnen sich zahlreiche Personen wie getäuscht. Diese haben einen grandiosen, sieghaften Aufbruch erwartet. Nun sind sie zunächst von einstigen Versäumnissen eingeholt. Vieles ist da noch zu ordnen, bevor an bessere Fortsetzungen zu denken wäre.

Wir haben uns das zubereitet. Erst steht eigenes Sich-Wandeln an. Daran kann immer gearbeitet werden, auch wenn die äußeren Abläufe sehr vertrackt sein mögen. Ansonsten erfährt manche irdische Problematik noch eine Steigerung. Um so eher wäre dann ein Aufwachen zu erhoffen.

Betont werden muss der Ehrlichkeit halber: Jene, zu denen die engsten karmischen Bande bestehen, bringen uns vielfach am meisten in Verzweiflung. Einiges ist da lange nicht loszukriegen und nur auszuhalten, wenn daneben entlastende Sozialbezüge walten.

Dort, wo das Karma am energischsten spricht, sind wir oft am hilflosesten. Trotzdem kann ein heilsames Umgehen hiermit höchst bedeutsam sein. Wenn gelernt wird, zusätzliche Menschenverbindungen so zu integrieren, dass es gut verkraftbar ist, lassen sich wertvollste Zukunftsqualitäten anlegen.

Bis in den Wesenskern hinein sind wir genötigt, das zu überwinden, was unfreie Tendenzen beinhaltet. Innerhalb von weniger verbindlichen Menschenzusammenhängen wäre das erst später zum Ausdruck gelangt.

Durch diejenigen, die uns schicksalsmäßig am nächsten stehen, tritt noch Zwingendes früher hervor. Ganz fassungslos mögen wir vorübergehend sein. Unser Wesen erscheint blockiert wie niemals sonst.

So real kann Karma walten und uns sprachlos machen. Ein Segen, wenn ungeachtet dieses Gefühls eines Behindertseins durch Schicksalskräfte weder davongelaufen noch wüst dagegen angekämpft wird! Geradezu ausmerzen lässt sich dann, was uns später eventuell in übelste Verhängnisse hineingedrängt hätte.

Wer zumindest ahnt, was sich hier zuträgt – obwohl dies mit einem ziemlichen Unfähigkeitserleben einherschreitet –, kann durchaus seinen Frieden damit finden. Dasjenige, wodurch wir uns so sehr gelähmt fühlen, schafft enorm an uns.

Jedoch sollte anderes, was unser Wesen anregen kann aus Natur, Künstlertum und schönen menschlichen Begebenheiten, ausgleichend hinzutreten. Sonst werden wir diese konkretesten Schicksalsbedrängnisse kaum verkraften.

Bisweilen steckt unsere Seele übermächtig darin. Nur langsam und bedächtig ist dem gerecht zu werden, was uns das Karma nahe bringt. Immer wieder wäre auf ein Pausieren im Miteinander zu achten, statt dass wir stets ausfälliger sind gegenüber Nahestehenden.

Mannigfache Brüche in den Beziehungen sind zudem durch an sich unbedingt erforderliche Individualisierungstendenzen verursacht. Fast alles ist schwankend und unsicher geworden, was uns miteinander verbindet. Teilweise erfährt das noch eine Zunahme, indem viele Menschen sich mit einer Überfülle von Geräten umgeben: wie Telefon, Fernsehen, elektronische Klänge, Computer und Internet. Wohl ist man wieder vernetzt, aber auf sehr künstliche Weise.

Selbst die Fernsten sind scheinbar ganz nah oder schnell erreichbar. Für echtes Begegnen stellen all diese technischen Mittel nur einen Ersatz dar.

Man sitzt so häufig davor, weil das unmittelbare Beisammensein als schwierig verspürt wird. Der elektronische Umweg erscheint unproblematischer. Er erlaubt jedoch kein richtiges Schicksalserleben.

Auch was das Karma an voranleitenden Qualitäten heranträgt, wird weniger gespürt. Demgegenüber tritt fast eine Erblindung oder ein Ertauben auf. Dies erzeugt große Desorientiertheit, gepaart mit Langeweile. Folglich stürzen sich die Individuen massenhaft in noch extremere Ablenkungen durch die Elektronik. Zum Zerstreuen soll das dienen und um die inneren Ungewissheiten nicht zu bemerken.

Desto langwährender und anstrengender wird es deswegen, dasjenige wieder zu entdecken und hereinzunehmen, was tiefere Schicksalsimpulse betrifft. Im Erfassen hiervon gibt es massive Behinderungen.

Eben darum ist das Ringen um Karmaerkenntnis unverzichtbar. Nur so kann sich allmählich wieder aufzulichten beginnen, was uns überhaupt zusammenbringt.

Mitunter sind es gerade die Mängel im Schicksalswahrnehmen selber, weswegen wir Mitmenschen einbeziehen sollten. Ziemlich überlagert ist bei vielen das karmische Gespür. Es wirkt stets weniger von allein.

Stattdessen existiert ein häufiges inneres Unbehagen gegenüber dem Karma. Überzeugende Geisteseinsicht ist deshalb stets nötiger, um sich richtig verhalten zu können, wenn Schicksaltöne vernehmbar werden.

Unser Umkreis sollte generell mehr als Karmazeugnis anerkannt sein. Nicht so sehr auf spektakuläre Einzelereignisse wäre zu warten. Die Gesamtheit der auf uns bezogenen Sozialprozesse kann sich als ausreichende Schicksalssprache erweisen.

Hierbei tritt auch zutage, dass wir oft mit mehreren Menschengruppen verquickt sind, die untereinander überhaupt keine Verbindung haben. Dies mag bestätigen, wie da Wirkungen aus unterschiedlichen Inkarnationen in unser jetziges Dasein hereinspielen.

Begreifbar ist so, warum es vorkommt, dass Einzelne zwischen sehr spannungsreichen Konstellationen pendeln. Sie fühlen sich zu gegensätzlichen Personen hingezogen. Und nicht bloß eine einzige Gruppenzugehörigkeit wird als geeignet betrachtet.

Theoretisch mag das einzusehen sein, dass solches eintritt. Praktisch konfrontiert uns dies aber mit gelegentlich kaum zu bemeisternden Entscheidungssituationen. Durchaus kann auch darin etwas Heilsames liegen.

Denn so bildet sich etwas Ergänzendes aus zu den drastischen Individualisierungsvorgängen. Ihretwillen kann es nur gut sein, wenn der Einzelmensch daneben eine Verständigung erreicht mit sehr polaren Sozialzusammenhängen. Daraus resultiert ein Ausgleich in Bezug auf persönliche Einseitigkeiten.

Weil wir mit verschiedenen Vergangenheiten zu tun haben, zieht sich mancher scheinbare Gegensatz durch unsere heutige Existenz. Gesundes Sich-Behaupten darin kann bereits ein Neuverweben erlauben. Auf schnelle Lösungen wäre allerdings zu verzichten.

Was echte Integrationsqualität besitzt, muss langsam heranreifen. Zwischenzeitliche Spannungen sind möglichst gut auszuhalten, statt dass wir ein sofortiges Beheben durchsetzen wollen. Das würde nur weitere Klüfte zwischen uns hervorrufen.

Globale Rücksichtnahme

Auch der Mensch hat verschiedene Schichten in sich, nicht bloß der Erdboden. Die Historie ist nicht tot. Wir selbst sind deren Ergebnis.

Nun soll auf dieser Geschichte gebaut werden. Nicht dass wir uns darin vergraben oder davon erdrücken lassen! Durch vielfältige Menschenbegegnungen wird genug daraus emporgehoben.

Dieser zeitliche Boden, auf den wir unser Leben gründen, darf nicht leichtfertig abgetragen werden. Dennoch ist mit gewisser Erwartung darauf hinzublicken, aus welcher Schicht jeweils eine spezielle Begegnung mit anderen Menschen etwas herauffördert.

Wohl kann da auf manchen Schatz gestoßen werden, von dem aber erst ein passender Gebrauch zu machen wäre. Sonst mag dieser durchaus auch Schaden stiften. Nicht wenige Individuen beispielsweise, die Macht über Mitmenschen ausüben, nutzen dafür Eigenschaften aus, die vorherigen Erdenleben entstammen, sowohl persönliche Stärken als auch fremde Schwächen betreffend.

Häufig sind es jedoch brisante bis explosive Belange, die da emporgeholt werden. Wenn sie eine falsche Behandlung erfahren, ist damit im jetzigen Dasein und auch der Zukunft gegenüber viel Schaden anzurichten.

Fehlt in diesem Fall die genügende Vorsicht oder Behutsamkeit, so kann es relativ bald passieren, dass wir die Möglichkeiten missbrauchen, welche uns eine neue Inkarnation bieten wollte. Dann muss wieder längere Zeit auf eine folgende Chance gewartet werden.

So manche Schicksale ziehen in die Weite, bevor ein nächster Ansatz geschehen kann, um einiges besser zu ergreifen. Es muss aber nicht immer an einem zu energischen Anpacken liegen. Mitunter ist jemand allzu ängstlich – und deshalb werden günstige karmische Gelegenheiten versäumt.

Ungeachtet von diesbezüglichen Nachlässigkeiten haben karmische Umwege dennoch oft einen tiefen Sinn.

Einzelne Schicksalsangebote verlieren sich, andere aber können sodann zum Zuge gelangen. Wie das jene bekannte Lebensweisheit ausdrückt: Wenn sich eine Tür schließt, öffnet sich die nächste.

Und als eine Variante hiervon: Weil wir uns mit den Nächsten nicht vertrugen, rücken plötzlich die Fernsten heran. Das erlaubt vielleicht ein Eintauchen in karmische Strömungen, zu denen sonst kein direkter Zugang gelungen wäre.

Umfassender angeblickt, kann dies sogar trostreich sein. Nahestehende zerstreiten und trennen sich, aber als Auswirkung entstehen zusätzliche Schicksalsverwebungen. Vielfach erwächst daraus erst das Vermögen, besser mit zu kompliziert gewordenen karmischen Einzelsituationen zurechtzukommen. Wir erhalten eine zusätzliche Unterstützung dafür.

Dasjenige, woran ein Scheitern durchgemacht oder was sonst irgendwie abgestoßen wurde, kehrt mit Sicherheit irgendwann zurück. Dann soll sich zeigen, ob wir wirklich durch einen gereiften Wandlungsprozess geschritten sind, damit jetzt angemessenere Reaktionen auftreten können. Ehemalige schicksalhafte Belastungen wären immer förderlicher zu behandeln.

Wer sich dagegen verschließt vor zurückkehrenden Schicksalsantworten, kann dadurch verursachen, dass Mitmenschen oder irgendwann ganze Weltgebiete in stets bedenklichere Abhängigkeiten hineinrutschen. Das mögen richtige Fatalitäten sein, wo längere Zeit recht schmerzvoll abzutragen ist, was karmisch nicht rechtzeitig bewältigt worden war.

Wahre Schicksalskunde leitet zur Einsicht hin, dass ein Zusammenhang besteht zwischen dem Weltzustand und unserem eigenen Verhalten. Bis hin zu Kriegen kann reichen, was sich ergibt, wenn Menschen ihre gegenseitigen Schwierigkeiten nicht auf ehrliche und humane Art aufarbeiten lernen.

Zugleich ist aber eine wachsende Sensibilität zu bemerken, was die Reaktionen auf Naturkatastrophen wie Erdbeben und Überschwemmungen oder sonstige Nöte betrifft. Hilfsaktionen in erstaunlichem Umfang laufen ab. Dies zeigt doch, wie berührt sich viele Einzelne fühlen, wenn das Weltschicksal in drastischer Welse an ihre Pforten pocht.

So wie wir nicht selten auf Impulse von anderswoher angewiesen sind, um aus eigenen Verfahrenheiten herauszufinden, könnte umgekehrt die Welt auch vor leidvollen Übeln verschont bleiben, wenn Individuen und Gruppen mehr bereit wären, sich ihren eigenen Karmaaufarbeitungen energischer zu widmen.

Ansonsten geraten mitunter verschiedene Länder und Völker auf grausige Abwege. Ja inzwischen ist die ökologische Verfassung des Erdplaneten insgesamt von dem betroffen, was aus ungezügelten menschlichen Launen resultiert.

Aufgrund der bedrängten Umwelt gedeiht immerhin auch das Bewusstsein von einer globalen Schicksalsgemeinschaft, in der wir uns alle befinden. Belastende Verhaltensweisen schlagen stets schneller auf uns selber zurück. Unsere Erde insgesamt mahnt, welche Grenzen die Menschheit einzuhalten hat.

Ökonomische, politische oder weltanschauliche Streitigkeiten erweisen somit ihre Relativität. Zuletzt gibt es doch nur eine große Ganzheit, die wir zusammen zu verantworten haben. Durchs Erdenwesen zeigt sich eine große Gemeinsamkeit zwischen allen.

Mögen auch noch so viele Gegensätze in die Menchenschicksale eingezogen sein, es muss dennoch bessere Rücksicht aufeinander gelernt werden, weil wir nur eine Erde haben. An ihr ist zunehmend aufzuwachen zu einem unableugbaren Zusammengehörigkeitsgefühl.

Trotz zahlreicher spannungsvoller Rivalitäten zwischen Einzelnen, Staatssystemen oder sogar Kontinenten müssen wir uns vor der Einsicht beugen, dass es alle trifft, wenn die ökologischen Bedingungen zu sehr leiden.

Das Missachten des Erdschicksals fällt auf jeden von uns zurück. Davor lässt sich irgendwann nicht mehr ausweichen. Sämtliche individuellen und gruppenhaften Bestrebungen müssen sich da wieder in eine größere Einheit fügen.

Was auch an auseinandertreibenden Kräften oder gar zerbrechenden Tendenzen in den Schicksalsverläufen waltet, das stößt hier auf eine korrigierende Geste. Irgendwie muss sich alles einfädeln in eine umfassende Gesamtheit.

Aus dem verletzten und geschändeten Wesen der Erde erhebt sich ein neuer Einklang zwischen allen Menschen und eine zukünftige karmische Getragenheit. Das soll uns immer mehr bedeuten.

Als Errungenschaft schält sich dies aus dem heraus, was wir so über unseren Schicksalsplaneten erleben und erleiden mussten. Überzogenheiten im eigenen Verhalten sind zu bändigen, Brüche auf menschlichem Gebiet zu heilen, auch Zaghaftigkeiten zu überwinden.

Gemäßigt und bestärkt zugleich sollen wir aus den Globalkrisen hervorwachsen. Weil soviel Gefährdungen bewusst werden, beginnt doch manches Umorientieren. Was allzu sehr ausscherte, kann wieder zum Einlenken gebracht werden, ja zu einem neuen Zusammenfügen.

Somit geschieht eine Gegenbewegung in bezug auf individualistische Verstiegenheiten. Erdenweite Probleme sind es, die so sehr aufrütteln, dass soziale Notwendigkeiten mehr Beachtung finden. Sonst ist kein gutes eigenes Auskommen fortan denkbar.

Zur Besinnung wird uns gebracht, dass wir Wertvollstes auch fürs persönliche Dasein verlieren, wenn die Belange der Ökologie zuwenig beachtet bleiben. Stets miserablere Lebensbedingungen sind dann anzutreffen.

Kranke Erdverhältnisse beeinträchtigen immer mehr die eigene Gesundheit. Hier bereiten sich zahllose Menschen recht bittere gegenseitige Schicksalslasten. Ein echtes Erwachen verlangt jedoch enorme Aufklärung. Andernfalls wird zu lange rücksichtslos weitergemacht.

Übelste Verschlimmerungen abzuwarten, ist verantwortungslos. Vielmehr wären so früh und energisch wie nur möglich fruchtbare Ansätze zu praktizieren, die zu einer gesünderen allgemeinen Lage hinleiten.

Fangen wir damit erst an, wenn richtige Zusammenbrüche einzelner Erdregionen stattfinden, könnte es zu spät sein. Früh genug muss auch schon das Gesundende gepflegt werden. Nur dann kann dieses stärker um sich greifen, wenn ökologische und soziale Sackgassen unverkennbar sind.

Sprüche wie »Die Zeit ist noch nicht reif« sind überholt. Insbesondere dürften sie kein Alibi für verantwortungslose Untätigkeit sein. Stattdessen müssten gediegene Alternativen vorzeigbar sein, sobald intensiver nach ihnen gefragt wird.

Wollen wir das heilsame Eingreifen nicht verpassen, bedarf es eines genügenden Vorbereitetseins. Wenn dann ein bestimmtes Zukunftstor offen ist, können wir etwas Konstruktives hineinstellen, weil sich sonst dies bald wieder schließt.

Wohl stimmt es, dass das Schicksal stets wieder Möglichkeiten bietet. Aber dennoch können wichtige Augenblicke auch versäumt werden. Dann mag sehr lange zu warten sein, bis sich neue günstige Momente auftun. Zudem sind manche Bedingungen vielleicht um so schwieriger.

Wach und geschwind die Gunst der Stunde zu nutzen, kann durchaus entscheidend sein. Genauso wesentlich ist zuvor das Wartenkönnen – ohne jegliches Verzagen. Wir sollten uns gerade üben in geistiger Konzentration und seelischer Geschmeidigkeit, damit die besonderen Gelegenheiten nicht ungenutzt vorüberziehen.

Unbedingt ist es angebracht, daran zu arbeiten, dass routinehafte Zwänge uns nicht beherrschen und keine übermäßige Laschheit das eigene Innere erfüllt. Sonst können sich zwar beste Chancen nähern, aber sie werden vertan oder gar verschlafen.

Mitfühlende Freundesdienste

Mit stets größerer Selbständigkeit sollten wir den Fügungen des Schicksals gegenübertreten. Sie fordern Respekt, jedoch keine Unterordnung. In wachsendem Grade trifft insbesondere zu, dass unsere aufmerksame Teilnahme wesentlich ist, damit gute karmische Gelegenheiten nicht ungenutzt an uns vorbeiziehen.

Ein Missverständnis wäre es, wenn gemeint wird, dass das Schicksal von allein wirkt und wir uns ihm zu beugen haben. Verlangt ist eine stets konstruktivere Haltung gegenüber allem, was sich zutragen mag. Auch wenn vorübergehend etwas bitter erscheint, lässt sich dennoch meist vielerlei lernen.

Vor allem sollten wir uns auch früh genug darum kümmern, leidvolle Belastungen zu verringern, wo sie uns noch längst nicht selbst betreffen. Dies mindert eventuell schon manches Unliebsame, das später ins eigene Dasein eingedrungen wäre.

Außerdem leitet uns die Unterstützung anderer Menschen bei ihren Mühen auch zu größeren Freuden hin. Bei allem, was wir nur fürs eigene Wesen erstreben und für uns allein genießen, bleibt eher ein schaler Nachgeschmack dabei.

Bloß persönliches Wohlgefühl ist nie von langer Dauer. Häufig folgt eine desto stärkere Unzufriedenheit nach. Wer sich dagegen mit all dem verbunden weiß, was sonstwo an Erfreulichem geschieht, entdeckt stets wieder etwas, das ihn aufbaut, ja aufrichtet.

Ein Helfen führt zu geteiltem Leid. Vieles lässt sich dann leichter bewältigen. Und Mitfreude kann weit beständiger sein. Eigene Rückschläge sind daraufhin besser aufzufangen. Ja eine gute geistig-seelische Verwobenheit leitet über innere Abgrunderlebnisse hinweg.

Verhütet wird jedoch auch ein allzu euphorisches Abheben. Echte Freunde stehen nicht nur in Nöten zur Seite, sondern holen uns bei extremen Illusionsgefühlen wieder auf den Boden der Tatsachen zurück.

Ist hingegen unsere Seele mal von wildem Aufruhr erfüllt oder drohen wir wegen einem vermeintlichen Missgeschick in fast panikartige Reaktionen zu verfallen, kann ein freundschaftlicher Beistand auch wertvolle Dienste leisten. So wird kaum leichtfertig verworfen, was sich vielleicht durch lange Zeiten vorbereitete.

Wie es in der Natur auch hagelt oder stürmt, muss unser Inneres manche Erschütterung oder ein zwischenzeitliches Verzweifeltsein verkraften können. Wahrer Freundesbeistand lässt doch wieder Licht am Ende einer düsteren seelischen Tunnelstrecke erkennen.

Negativitäten, die aus der Welt heranbranden, werden vom subjektiven Erleben her bisweilen verstärkt wahrgenommen. Einiges fegt gelegentlich gleich einem Wirbelwind durch die Seele. Jedoch sollten wir uns nicht noch maßlos aufregen deswegen.

Obwohl mitunter eine problematische Erscheinung sich geradezu orkanartig im Innern austoben will, kann trotzdem ein Sinn darin liegen. Möglicherweise muss daraufhin draußen nicht alles zur vollen unumkehrbaren Fatalität auswachsen, insofern früh genug daran aufgewacht und so dem Allerschlimmsten sogar die Spitze gebrochen wird.

Jene schon erwähnte seelische Selbstbeobachtung nach naturwissenschaftlicher Methode, welche als überaus bedeutsame Entdeckung durch Rudolf Steiners »Philosophie der Freiheit« dargelegt ist, kann hier von rettendem Wert sein. Das Durchschauen konfusester Neigungen bietet gerade einen Schutz, um nicht davon völlig aufgesogen zu werden. Vielmehr lässt sich ein Herauslösen daraus einleiten.

Solches Beobachten dessen, was in unserem Innenwesen stattfindet, ist unverzichtbar für jede Schicksalsarbeit. Von der geistigen Warte unseres im Vorgeburtlichen verwurzelten höheren Ich lässt sich alles besser einschätzen oder überhaupt erst bewältigen, was in und um uns geschieht.

So ist ein Bereich aufzusuchen, wo wir die karmischen Prägungen überschreiten und etwas ahnen, das unbelasteter ist. Dies reicht bis zu einem paradiesischen Unschuldszustand zurück.

Ohne Berührung damit wäre es gar nicht denkbar, die eigene Schicksalskonfiguration ungetrübt anzublicken. Das kann nur von einer über das Haupt hinausragenden Position aus gelingen.

Mögen vom Karma her gewichtige Anforderungen auftreten, brauchen uns diese niemals völlig zu überwältigen. Denn es ist etwas vorhanden, das verbindet mit himmlischen Urbeginnen. Im reinen, leibbefreiten Denken kann dies zugänglich sein.

Zwar holt uns das Erdenschicksal stets wieder ein und mancher bedrückende Rückschlag ist durchzumachen. Aber unser Ich kann sich aufraffen und über alles Gewordene hinauswachsen. Aufgrund dieses Himmelsanteils sind Kräfte zu gewinnen, die dazu befähigen, dass wir in den irdischen Wandlungsbemühungen nicht verzagen müssen.

Denkerischem Überlegen wird erreichbar, was von schicksalhafter Belastung unberührt ist. Intensiv geübtes Einbeziehen hiervon erlaubt immer besser, in den uns treffenden karmischen Komplikationen durchzuhalten.

Wir werden nicht verbittert dagegen ankämpfen, wenn heikle Phasen den Schicksalsverlauf kennzeichnen. Falls vieles um uns wütet, bedarf es einer gestärkten Friedsamkeit. Sie kann dann einen Schutz abgeben.

Ruhige Besonnenheit gilt es speziell auch zu bewahren, wenn andere Menschen manches Widrige auf uns projizieren, weil sie allein damit nicht fertigwerden. Leider durchschauen sie das nur selten.

Ehrliches Anerkennen davon, wie jemand diejenigen gezielt attackiert, die seine Schicksalsproblematik bewusst machen, wäre durchaus auch eine hilfreiche Handlung. Zusätzlicher Streit ließe sich dann verhindern.

Jedoch ist schon einiges gewonnen, wenn derjenige nicht selber noch in Rage gerät, der Mitmenschen zum Ärgernis wird. Letztlich kann das sogar eine Bestätigung sein: Wenn dunkle Machenschaften aufgedeckt sind, beginnt mancherlei Gegenwehr.

Dies lediglich zu befehden, bringt nur negative Steigerungen hervor. Insofern braucht es wahrhaft eine große Gelassenheit bei jenen, die mit dem Aufdecken von unangenehmen Schicksalszeugnissen befasst sind. Dank dürfen sie nie sogleich erwarten.

Generell ist es zudem so: Wo etwas Veränderndes ins Leben eintritt, erfolgt eine Auflehnung durch das Vergangenheitskarma. Nun bricht Ungutes hervor, das lange angesammelt worden war. Giftige Gehässigkeit kann beigemischt sein.

Sich da nicht hineinziehen zu lassen, stellt eine entscheidende Prüfung dar. Finsteren Anfechtungen gegenüber muss eine stille Gefasstheit praktiziert werden. Dadurch können wir mit demjenigen noch inniger zusammenwachsen, was es zu verteidigen gilt.

Somit resultiert aus diesen Schicksalsproblemen etwas Gutes. Desto enger können wir uns mit dem vereinen, was zukünftiges Karma betrifft – falls die Irritation durch vergangenheitsbestimmte Auflehnungen nicht überhand nimmt.

Wer diesbegzügliche Zusammenhänge und Hintergründe solchen Attackiertseins versteht, hat bereits einen gewissen Schutz. Aus dem bewussten Durchschauen derartiger Schwellenangriffe kann eine tragende Befähigung zum Weiterschreiten entstammen.

Von dem, was dabei aus alten Schicksalsübeln emporwirbelt, brauchen wir uns nicht völlig verstören zu lassen. Weder allzu sehr erregen noch blenden sollte uns das, auch wenn zwischendurch die klare Orientierung fast entschwindet.

Retten kann da ein beharrliches Voranstreben, obwohl zeitweise im karmischen Unrat fast erstickt wird. Trotzdem dürften wir uns niemals auf ein ganz verderbtes Niveau begeben.

Obwohl auch mal Strittiges aus uns herausrutschen mag, sollte das nicht unbedingt verteidigt werden, sondern eher als Zeichen dienen, dass wir überreizt waren und mehr Zurückhaltung lernen müssten. Sonst sind grimmige Schwellenschlachten zu erleben, die keinerlei sinnvollen Nutzen mehr haben.

Weitere Einmischung sollten wir uns gerade untersagen, wenn nur noch beleidigende und verletzende Worte ausgetauscht werden. Da ist es besser eine Schweigepause einzulegen, bis sich das seelische Unwetter wieder beruhigt hat.

Wo nur noch gestänkert oder intrigiert wird, kann eine Handlungsverweigerung das einzig Angebrachte sein. Allerlei Attackierendes stößt so ins Leere. Die Negativkräfte verpuffen irgendwann, obschon sie sich vorher wüst gebärdet haben mögen.

Nie sollte aber ein Gefühl falschen Triumphes aufkommen, denn es sind zumeist tragische Verirrungen damit verquickt. Das wirkliche Schicksalserwachen aneinander wurde versäumt – und deshalb tobt sich recht Verderbliches aus.

Hinter nahezu allem, was mit Feindschaft und Hass zu tun hat, steckt eine verfehlte Liebesaufgabe. Allzu persönliche Befangenheiten machen jedoch nicht wenige Menschen blind, so dass sie wiederum verstoßen, was der Karmaverlauf herantrug.

Zumindest im Rückblick sollte daran aufgemerkt werden. Eigenes Ungenügen war es, das dort einen feindlichen Angriff witterte, wo ein intensiver Schicksalswandel angestanden hätte. Zuwenig entwickelt gewesen ist eine hierfür notwendige überpersönliche Betrachtungsweise.

Allein von dieser aus lässt sich bejahen, dass wir karmisch angesteuert haben, was uns jetzt am meisten Pein zu bereiten scheint. Es ist zum Davonlaufen!

Genau diesem Drang dürften wir nicht nachgeben. Er verrät vielmehr, wie zutreffend die Schicksalslage ist.

Enthüllender und beschämender kann nichts sein. Alle aufgeblasene Selbstüberschätzung bricht in sich zusammen. Wie bloßgestellt sind wir von der Karmawirksamkeit!

Dennoch ist nichts befreiender sowie heilsamer – wenn wir begreifen, dass eben diese Schicksalskonfrontation gezielt gesucht wurde. Obschon uns das Karma nun am allermeisten fordert, ist es ein Segen.

Selber angezogen wurde, was hier eintrifft. Lebenskorrekturen sollen daran gelingen, welche einstmals abgeschmettert gewesen sind.

Früher oder später werden wir einsehen, dass nichts angemessener ist. Stets dringlicher wäre die freiwillige Bejahung davon. Frieden gilt es zu schließen mit unserem Schicksalswalten.

DAS PFLEGEN VON BEGEGNUNGEN

Geschickt ist wie bestellt. Obwohl sehr weitreichende soziale und sogar naturhafte Vorgänge an dem beteiligt sein mögen, was an uns herangetragen wird, sind wir dennoch individuell angesprochen und aufgefordert.

Wertvolle Anfragen des Schicksals können auch so behutsam auftreten, dass alles weiterzieht, wenn wir nicht wach genug dafür sind. Dann muss vielleicht lange auf eine neue Gelegenheit gewartet werden. Das betrifft oft die bedeutenderen, geistigeren Schicksalskomponenten.

Bringt das Karma mehr Belastendes mit sich, kann dies im Seelenleben erst einigen Unmut erzeugen. Leider droht dann nicht selten diese Reaktion: Annahme verweigert. Obwohl wir ganz persönlich gemeint sind!

Deshalb ist eine genügende Erkenntnisarbeit in bezug auf Schicksalsthemen sehr wichtig. Entweder mangelt sonst die Aufmerksamkeit oder es erfolgen falsche Reaktionen darauf. Irgendwie hat alles, was uns berührt, eine Bedeutung für das eigene Wesen, auch wenn wir es zunächst ungenügend einschätzen können. Schließlich existieren noch gravierendere, bis in die leibliche Befindlichkeit hinein sich auswirkende Schicksalsbegebenheiten. Da ist ein Ausweichen kaum möglich. Und das Bekämpfen bringt manche Verschlimmerung hervor.

Die erwähnten geistigen Komponenten sind frei von Verstricktheit. Damit ist keinerlei Belastung verbunden. Vielfach resultiert das aus einem Überwinden einstiger Fehlwege.

Bei den Karmakomponenten, die unsere Seele stärker ergreifen, ist folgendes zu erahnen: Es weist dies auf eine zwar schon begonnene, aber nicht abgeschlossene Schicksalsarbeit. Das verunsichert, weil wir da erneut mit Mängeln oder Fehlern konfrontiert sind, die es zu beheben gilt.

Falls jedoch nochmals ein Abservieren stattfindet, ist ziemlich sicher, dass später ein heftigeres Schicksalsecho eintritt, das uns bis in den Leib erfasst. Gerade die stärksten Konsequenzen haben wir am meisten mit erzeugt.

Wohl gibt es das Motto: Wie jemand in den Wald hineinruft, so hallt ihm das wiederum entgegen. Manches bleibt eher schwach, anderes wird jedoch verstärkt.

Denn es sind schöpferische Wesenheiten, welche unsere Taten beschauen, gewichten und die Folgen davon zurückleiten (dritte, zweite und erste Geisteshierarchie). Manches kann geläutert und intensiviert zurückkehren. Höchste Präzision waltet darin. Weisheitsvolle Früchte lassen sich ernten. Oder es mögen schmerzvolle Konsequenzen zu spüren sein.

Nicht immer ist bei uns die Bereitschaft vorhanden, das Schicksal in passender Weise entgegenzunehmen. Ein Ignorieren und Missdeuten kann sich beimischen. Das erklärt vielerlei Konfusion, die dadurch ins Karma einzieht.

Rudolf Steiner sprach von einer Unordnung, welche die heutigen Menschenschicksale kennzeichnet. Seine abschließende Vortragsreihe vom Jahre 1924 über »Esoterische Betrachtungen karmischer Zusammenhänge« (sechs Bände, Gesamtausgabe 235 bis 240) beinhaltet eine testamentarische Aufgabe, zu der die anthroposophische Geisteswissenschaft erheblich beitragen soll.

Auch wenn noch viel Unbehagen oder Zerwürfnis dazugehört, bezeugt dies stets eindeutiger, wie sehr ein neues Ordnen oder geradezu Heilen der Schicksalsbezüge ansteht. Stets wieder kann sich einige Gegenwehr erheben.

Desto mehr Zeit ist dann nötig, um Wirrnisse und Zerspaltungen im Karma wiederum auszugleichen. Leidvollste Erschütterungen mögen dabei zu überwinden sein.

Gerade deshalb ist zu erhoffen, dass das Schicksal dennoch seinen Weg findet. Was als ein Verzögern oder gar Auseinanderfallen erscheint, kann später zu einem gediegeneren Zusammenfinden hinleiten. Zuvor sind aber schwierige Entbehrungen durchzumachen.

Besser wäre deshalb, wenn wir lernen, turbulentere Phasen im Schicksalsverlauf mit mehr Ruhe zu ertragen. Heikle Verdichtungen wären mit Besonnenheit anzuschauen, ohne sich in zuviel Aufgeregtheit hineinzusteigern.

Lieber ein zeitweiliges Innehalten praktizieren als durch heftigen Aufruhr außer sich zu geraten, so dass wichtige Schicksalsbande zerrissen werden! Eine gesunde Umgangsweise damit ist nur möglich, wenn meditative Mäßigung kein bloßes Ideal bleibt, sondern reale Praxis darstellt.

Den Beginn eines Schicksalsbegegnens erleben wir manchmal als eine wunderbare Eröffnung. Neue Ziele zeigen sich und bestätigen eigene innere Anliegen zutiefst. Das sollte durchaus stark vergewissert werden.

Denn danach folgen meist heftige Konfusionen nach, die sehr verunsichern können. Karmische Prüfungssituationen treten auf, wo sich enthüllt, was von der Vergangenheit her noch nachwirkt und nach einem Wandel ruft.

Statt dass wir deswegen enttäuscht sind und alles fahren lassen, wäre gerade jenes vielversprechende Neue, das zuvor erschaubar war, daran zu festigen. Nur so gewinnt es tragende Qualität. Zugleich müssen sich überzogene Erwartungen mäßigen.

Auch das hat seinen Sinn, denn sonst muten wir uns im anfänglichen Enthusiasmus zuviel zu und sind äußerst empört, wenn etwas anders abläuft als versprochen. Das erzeugt häufig Streit unter jenen, die schicksalsmäßig sehr miteinander zu tun haben.

Wer meint, dass endlich die entbehrten Schicksalspartner gefunden sind, kann um so verärgerter sein, wenn auch da manche Widrigkeit ins gemeinsame Bemühen hereinschlägt. Vielfach kommt es zur illusionären Auffassung, nun dürften keine weiteren Reibereien erfolgen.

Leider ist dies nahezu immer so, dass dort, wo enge Zusammengehörigkeit waltet, sich auch intensive Angriffe beigesellen. Die Beteiligten sind nicht selten der Überzeugung, jetzt könne nichts Störendes mehr dazwischentreten. Und sie reagieren desto gereizter, wenn dies dann doch geschieht.

Es muss nicht bloß eine selber mitgebrachte Schicksalsbelastung sein, die uns fordert. Genauso werden unaufgearbeitete Schwierigkeiten von anderen Menschenkreisen vielfach erst richtig offensichtlich, wo der Anspruch auftritt, soziale Verbesserungen zustandebringen zu wollen.

Wenn sich Schicksal neu finden und gestalten will, können Angriffe von innen und außen zugleich geschehen. Hier braucht es eine beträchtliche Gelassenheit, um nicht daran irre zu werden. Weder dürfen wir uns gravierende Nachlässigkeiten leisten noch mit zuviel Härte reagieren.

Wie überraschend oder einschneidend ein sogenannter Schicksalsschlag auch sein mag, er verlangt dennoch vollen Respekt. Wir sollten immer ernstnehmen, was vom Karma herangetragen wird, ohne uns jedoch irgendwie zu verkrampfen.

Bei zu geringer Achtsamkeit entweichen gute Schicksalsgelegenheiten bald wieder. Wir warten sodann lange vergebens, weil übersehen wurde, was eine karmische Anfrage beinhaltete. Auch wenn sie zurückkehrt, ist große Wachheit gefordert, damit nicht erneut vorüberzieht, was für uns bestimmt war.

Greifen wir allzu grob zu, kann ein Entstellen oder auch eine zusätzliche Vertreibung von Schicksalskundgaben geschehen. Wenn diese sich melden, muss bei uns stets die Fähigkeit vorhanden sein, sich in geeigneter Form darauf einzulassen.

Feine Spuren sind es manchmal nur, die das Schicksal bereithält. Sie verlieren sich, wenn wir uns nicht rechtzeitig davon weiterführen lassen. Kein endloses Grübeln darüber wäre angebracht, was irgendeine einzelne Karmabezeugung bedeutet.

Jeweils ist das nur eine Fährte, die uns zum nächsten Schicksalszeichen leitet. Erst aus der Schau vieler Einzelbekundungen ergibt sich eine konkretere Verständnismöglichkeit. Das karmische Einzelereignis bleibt ein Rätsel. Es deutet irgendwo hin.

Dem müssen wir nachforschen, statt uns ins Spekulieren zu verspinnen. Die gesicherte Deutung verlangt ein Wartenkönnen darauf, was unser Karma selber an Zusammenführendem zustande bringt. Allein daraus ergibt sich ein Lösen der Schicksalsrätsel.

Kein Spintisieren also, sondern ein interessiertes Verfolgen dessen, wie die Fäden des Karma selber verwoben werden und welche Gestaltung hierbei erscheint! Dies lässt sich dann als eigentliche Schicksalssprache begreifen.

In objektiven Ereignissen redet unser Karma. Verlangt ist, dass wir mit Interesse und Ausdauer begleiten, was da präsentiert wird. Es beinhaltet bereits die Antworten.

Mit der Zeit kann ein Verstehen hiervon hinzutreten sowie das entsprechende Verhalten. Durchaus mag weiterhin als Bild angebracht sein, dass Schicksalsfäden für uns ausgelegt sind.

Wer jedoch zu sehr an ihnen zerrt, zerreißt diese eventuell. Sind wir empört, chaotisiert sich manches noch. Auch bloßes analytisches Auseinandernehmen kann danebengehen, weil deswegen voranbringende Hinweise verloren werden.

Am idealsten wäre, wenn wir herausfinden, welche Muster sich zeigen wollen, um daran anzuschließen. Bestimmte Fäden laufen aus, falls zuviel nebensächliche Aktivität geschieht. Anderes erscheint so wirr, dass eher ein teilweises Entflechten erforderlich ist.

Blindwütiges Ziehen und Zerren kann jedenfalls am verkehrtesten sein, weil sich vieles nur weiter verstrickt und zum kaum lösbaren Knoten wird. An diesem leiden wir oft schwer, ja er ist mitunter nicht mehr allein zu bewältigen.

Benötigt werden zusätzlich mittragende Schicksalspartner, die mit demjenigen besser zurechtzukommen erlauben, was eine allzu intensive karmische Verwicklung darstellt. Häufig bedarf es auch einer gewissen Distanz, um hiervon nicht überwältigt oder gar erdrückt zu werden.

Haben wir selber an innerer Beweglichkeit gewonnen, kann es vielleicht gelingen, eine extrem verknotete äußere Situation wieder zu entflechten. Manchmal muss auch gelernt werden, mit einzelnen Beeinträchtigungen zu leben, ohne dass sie sich zunächst beseitigen lassen.

Dennoch kann das eine Bedeutung besitzen. Indem wir nun bedächtiger voranzudringen haben, bewahrt dies vor möglichen Irrwegen. Ferner lässt sich eine ganz andere innere Stärke ausbilden, um mit karmischen Gewichten weiterhin gut zu verfahren.

Vom Segen des Hindernden

Jene Elemente gibt das Schicksal vor, mittels denen wir unseren Zukunftsweg zu bauen haben. Festgelegt ist nichts, was angestrebt werden sollte, sondern nur, was uns entgegentritt. Daran sind die weiterführenden Gestaltungen herauszubilden.

Manches Vorgeformte bietet unser Karma wohl an. Nicht beseitigen sollen wir dies, sonst droht ein Fall ins Leere. Vielmehr wäre damit so zu verfahren, dass sich ein Weiterkommen ergibt.

Von unterschiedlichen schicksalhaften Bildetendenzen sind wir vielfach umgeben. Weder um ein Ankämpfen darf es sich handeln noch um bloßes Entweichen. Eine Kompositionsaufgabe wird stattdessen von uns erwartet.

Vieles haben wir auch erst zusammenzuholen, wonach das Schicksal ruft, bis ein vorgeformtes Modell so ausgefüllt ist, dass dieses abfallen kann. Dasjenige, worauf es sich in der Folge zu stützen gilt, muss genug gefestigt sein, um uns voranzutragen.

Sobald wir intensiv bemüht und befähigt sind, dem zu entsprechen, wonach das karmische Vor-Bild verlangt, kann es entschwinden. Mitunter geschieht dies sehr plötzlich – was bis in Spontanheilungen von schwierigen Krankheiten reichen mag.

Meistens ist der Prozess einer Umwechslung jedoch langwierig und gar nicht reibungslos. Nur teilweise mögen wir entschieden genug sein, um zu verkraften, dass vergangenheitsbestimmte Muster abgelegt werden.

Durchaus können manche Schicksalsformen auch vorschnell dahinschwinden oder leider zerbrechen. Dann fehlt einiges an hilfreicher Geführtheit, ohne dass wir in der Lage sind, uns selbständig genug zu orientieren.

Zum Glück muss das nicht total tragisch genommen werden, weil das Karma von vielen Seiten antwortet. Nur wenn häufiger dagegen verstoßen wird, kann schließlich eine beträchtliche Lebensphase ohne irgendwelche Schicksalsanleitung durchzumachen sein.

Karmische Dürrephasen sind das. Geduldiges Wartenkönnen ist da verlangt, aber zugleich ein unermüdliches Weitersuchen – bis etwas auf unser Bemühen reagiert beziehungsweise neue schicksalhafte Bande geflochten wurden, die uns wieder voranbringen.

Zu anderen Zeiten können Schicksalsverdichtungen auftreten, denen kaum gebührend zu begegnen ist. Mancherlei Missgriffe werden vielleicht getätigt, weshalb es länger dauert, bis die eigene Lebenssituation einigermaßen ins Lot gerät.

Zwischendurch hängen wir eventuell wieder wie in der Luft. Es ist nicht richtig fassbar, was uns intensiver anspricht und fördert. Das können dennoch Abschnitte in unserem Biographieverlauf sein, wo eine starke Verinnerlichung stattfindet. Diese erlaubt wiederum, spätere turbulentere Lebensepochen besser zu bewältigen. Außerdem können die ruhigeren Phasen unseres Daseins dazu dienen, dasjenige aufzuarbeiten, was während komplizierterer Ereigniszeiten wegen Überforderungen vernachlässigt gewesen oder gänzlich misslungen ist. Auch dafür lassen sich ausgleichende Impulse veranlagen.

Trotzdem können wir sinnvoll und fruchtbar wirken, sowohl was eine Klärung einstiger Schicksalsverhängnisse als auch das Vorbereiten auf kommende karmische Aufgaben betrifft. Es hängt ja beides zusammen, denn frühere Komplikationen kehren wieder zurück.

Ob wir die Zwischenzeit genutzt haben, um Einsicht und seelische Reife zu gewinnen, wird am meisten geprüft, wenn sich schicksalsmäßige Fortsetzungen oder Korrekturen erneut nähern. Was mit einer besonderen Heftigkeit abgestoßen wurde, kreuzt meist energischer unseren Weg.

Sich dann zu empören ist ebenso falsch wie ein bloßes Resignieren. Jetzt gilt es vielmehr die Herausforderung anzunehmen. Eine passendere Art des Umgangs mit Personen und Situationen müssen wir lernen, denen gegenüber ehemals bestimmte Versäumnisse aufgetreten waren.

Anstatt dass wir eingeschüchtert werden oder genervt reagieren, lässt sich am Zurückkehrenden wachsen und ein Stärken des eigenen Wesens betreiben. Problematische Einseitigkeiten sind umzuwenden. An Wertvolles ist neu anzuknüpfen, welches sonst vielleicht verloren geblieben wäre.

An manchem, was nun fehlt, waren wir mal dichter dran. Doch schlich sich eben einiges Missgeschick ein. Sehr verworren sind deshalb die Gegenwartsverhältnisse und ursprünglichere Impulse recht verhangen.

Dasjenige, was wir jetzt entbehren, müssen wir weit bewusster zurückerobern. Insofern gehören das Schicksalsbejahen und unsere Zukunftsentwicklung eng zusammen.

Was uns weiterhilft, hängt mit nicht wenigem zusammen, womit wir bereits verbunden waren, aber abgeglitten sind. Hinderliches lagert nun dazwischen. Dies wäre erst zu überwinden, um an Vorwärtsführendes heranzugelangen.

Darum ist die Schicksalsarbeit so wesentlich, ja unverzichtbar. Durch sie gewinnen wir neuen Zugriff auf jenes Entschwundene, ohne das sich die Zukunft kaum erreichen lässt.

Deshalb sollten wir die Strapazen durchaus akzeptieren, welche das Karma bereitet. Der Versuch, sie zu bewältigen, führt uns erst an das heran, was zum Weiterkommen benötigt wird.

Schicksalhafte Rückkunft wird Antrieb zum Vorandringen. Allerdings müssen wir bemüht sein, zu demjenigen ein förderliches Verhältnis einzuleiten, das unseren Weg hemmt oder ihn gar versperrt.

Obwohl es unglaubhaft dünkt, kann behauptet werden: Wenn nichts mehr zu glücken scheint, ist dennoch Wichtigstes möglich. Was sich entgegenstellt, dem sollen wir uns nicht unterwerfen. Auch wird es kaum gelingen, das wegzufegen. Ein Empordringen daran wäre zu erüben. Nichts fordert uns so wie das Karma. Und eben deshalb ist ihm gegenüber ein inneres Wachstum zu erreichen wie nirgendwo sonst.

Weder allzu ängstlich dürfen wir sein noch irgendwie radikal. Nicht dem Schicksal gilt es zu trotzen, denn es ist am meisten für uns bestimmt. Stattdessen wäre anzustreben, die Vielfalt der sonstigen Lebensbezüge so umzugestalten, dass diese in besseren Einklang gelangen mit den Karmawirkungen.

Zunächst mag der Eindruck vorwalten, als würde ein sogenannter Schicksalsschlag alles im bisherigen Dasein belasten. Aber das ist viel zu oberflächlich gesehen. Im Gegenteil sollen festgefahrene oder sogar beinahe entglittene Angelegenheiten unseres Daseins neu gegriffen und in ein stimmigeres Verhältnis zueinander gebracht werden.

Jener biblische Satz hat eine zusätzliche Bedeutung: Ich lasse dich nicht, es sei denn du segnest mich. Und das gilt in doppelter Hinsicht!

Einmal lässt das Karma – langfristig – keine Ignorierung zu. Je heftiger wir es meiden, desto drastischere Unordnung wird folgen. Irgendwann muss einfach anerkannt werden, dass die wichtigsten Lehren und Aufgaben unseres Lebens dem Karma verdankt werden.

Zum anderen dürfen wir nicht müde werden, mit dem Schicksal so zurechtzufinden, dass aus dem tückischen Bedrohtsein eine versöhnliche Note hervortritt, ja irgendwann fast vergnügt damit umzugehen ist.

Bis aber das, was als bloße Last erscheint, auf angenehme Bahnen überwechselt, bedarf es eines ausdauernden Probierens. Besinnliche Pausen sind einzuschieben, um klärende Freiräume zu erhalten. Diese braucht es, so dass wir aufatmen und anders ansetzen können, um geschickter auf karmische Notwendigkeiten zu reagieren.

Aus einem geistig-meditativen Verstärken der Ich-Kräfte heraus kann auch gelöster in Beziehungsangelegenheiten hineingeschritten werden. Wir stoßen da gewissermaßen immer wieder auf Granit – oder auf ähnlich harten Widerstand. Darin liegt die Schicksalsprüfung, wo jeder sich in besonderer Weise zu bewähren hat.

Zwar mag es häufig so dünken, dass das Negative überwiegt. Es scheint, als hätten viele Übel der Welt sich gegen uns verschworen. Doch darf dies nicht falsch eingeschätzt werden, denn wir müssen unsere wertvolleren Eigenschaften erst steigern.

Ja es setzt uns manches Problematische zu, weil bereits ein Licht darauf geworfen wurde. Deswegen wehren sich die Dunkelkräfte. Das sollte also nicht irritieren.

Verlangt ist im Gegenteil ein beharrlicheres Durchhalten. Nur so wird das Positivere den Sieg davontragen. Diesen erlangt es aus einem standhaften Ringen mit dem Niederziehenden.

Mit durchaus als apokalyptisch verstehbaren Ereignissen ist dies verbunden. Was ein schreckliches Ende bereiten könnte, wird im Vorfeld enthüllt. Und das hat eine rettende Bedeutung.

Eingeleitet wird eine Umwendung, bevor alles in Schrecken mündet. Das begründet die christliche Heilidee. Früh genug ist aufzulichten, was ansonsten nur übel ausgehen könnte.

Abwegigkeiten überwinden

Es ist die Wende vor dem Endpunkt, welche uns aus der Misere holt. Obwohl manches schlimmer werden kann, müssen trotzdem die düsteren Vorhersagen nicht stimmen – weil schon ein Anfang da war von einer positiven Transformation.

Letztere mag noch zu schwach gewesen sein, doch mit der Zeit kräftigt sie sich. Kritischere Zustände haben ihren Sinn, falls sich krankmachende Einflüsse ablösen lassen. Davon befreit schreiten wir dann einer weniger belasteten Zukunft entgegen.

Außerdem ist die Verbindung zu dem, was uns weiterführt, mehrfach zu stärken – bis sie schließlich genug trägt. Da dürfen wir dem Schicksal besonders dankbar sein. Durch unterschiedlichste Gelegenheiten lässt es wiederum aufgreifen, was zunächst ungenügend einzubeziehen war.

Worum wir uns ehrlich bemüht haben, das bietet immer neue Chancen, um daran weiterzuarbeiten. Darauf lässt sich mit großem Vertrauen blicken. Nichts ist vergebens, was mit positiver Anstrengung verbunden war. Es fruchtet irgendwann.

Umgekehrt trifft aber auch zu, dass das Unangenehme, was uns nicht passte und abgeschmettert wurde, in tückischerer Weise zurückkehren kann und wir später um so mehr darunter leiden. Deshalb wäre anzuraten, lieber früh genug mit einem Aufarbeiten zu beginnen.

Falls wir Schwieriges bereits angehen, wenn es sich noch nicht so festgefahren hat, sind vorantragende Fähigkeiten leichter daran auszubilden. Dies lässt uns mit zukünftigen problematischen Situationen weit heilsamer umgehen.

Wer stattdessen nur mied, was ihn zu stören schien, oder sogar noch ankämpfte, wird von stets vertrackteren Schicksalskonstellationen eingeholt. Aus denen ist allein kaum herauszukommen.

Derjenige aber, der an zahlreichen kleinen karmischen Prüfungen seelisch gereift ist, wird zunehmend auch seinen Mitmenschen helfend beizustehen vermögen, wenn sie mit heiklen Verstrickungen konfrontiert sind – die sie sich selber zuzogen.

Hat jemand selbstherrlich, sozusagen in königlicher Manier abzufertigen versucht, was ihm das Karma vorstellte, so kann das irgendwann großen Kummer bereiten. Eher ein Bettlerschicksal wird ihm begegnen, wo er sehr auf Zuwendung anderer Menschen angewiesen ist.

Jenes Karma, das einem König oder einer Königin gleicht, beruht in der Regel im Verbrauchen eines Vergangenheitsglanzes. Wer sich demgegenüber ständig weiter zu mühen hat, ohne auf irgendwelchen Besitztümern ausruhen zu können, legt ganz anderes für Zukunftszeiten an.

Insofern liegt im emsigen Streben ein sich ankündigendes, späteres Glück, während auf zuviel Verwöhntheit eine um so trostlosere Leere wartet. Eben: Durch jeden Schritt und Tritt schaffen wir an zukünftigen Schicksalen mit. Nichts bleibt ohne Folgen.

Daran sollten wir vor allem auch denken, wenn irgendwelche Gegenwartsinitiativen verunglücken. Daraufhin sollte nicht eine bloße Zeterei oder gar so etwas wie ein Strafgericht eintreten. Denn dann holt uns ähnliches erneut ein.

Vielmehr könnte dies der Anlass sein, das Fehlende nachzuholen und zu lernen, was zum Scheitern beigetragen hat – damit sich sozusagen beim nächsten Anlauf die nachwirkenden Tücken besser bemeistern lassen.

Komplikationen, die unser Karma begleiten, sind eines. Und oft von einschneidender Realität! Wie wir uns dazu stellen, ist das andere. Meist existiert einiger Spielraum, den es möglichst besonnen zu nutzen gilt.

Deshalb kann die vorherige erkenntnismäßige Beschäftigung mit dem Karmageschehen von hohem Wert sein: um im späteren Krisenfall nicht völlig falsch zu reagieren. Wir verschlimmern sonst vieles durch unkontrolliertes Erregtsein, statt dass von Fatalitäten wieder Abstand erlangt wird.

Vor dem tieferen Schicksalsblick ist manches Trennungsereignis kein Totalversagen, sondern das Verhindern davon. Etwas hatte sich allzu sehr zugespitzt oder verworren. Jetzt bedarf es einer gewissen Distanz, um nicht in stets noch fatalere Abwegigkeiten hineingerissen zu sein.

Zwischen Nahestehenden kann sich nicht selten ein ganzer Problemberg auftürmen. Die Beteiligten würden nur noch ein Wundstoßen erleben, wenn sie dagegen anrennen. Weit angebrachter wäre, sowohl persönlich neue Kräfte zu sammeln als auch fremde Unterstützung einzubeziehen – insofern dies nötig erscheint.

Wo Schicksal hereinspielt, haben die davon betroffenen Menschen eher zuviel miteinander zu tun. Das einsehend, sind sie häufig ganz mächtig auf sich selber zurückgeworfen und müssen verwandelnde Prozesse durchmachen, welche einem vorgezogenen Kamaloka ähneln: jener nachtodlichen Läuterungszeit, wo die Seele ganz in dem lebt, was von ihr in die Welt geschickt wurde.

Dennoch ist sie dem auf Erden nicht so ausgeliefert. Deswegen bietet dies freiere Gestaltungschancen. Jeder kann mitbestimmen, wie eng irgendein Begegnen sich vollzieht und wann besser ein Pausieren stattfinden sollte.

Im Abstand ist ein innerer Ausgleich leichter zu erreichen. Was vielleicht allzu wuchtig aufs eigene Seelenwesen hereinbrach, bedarf einer Beruhigung, damit jedes weitere Zusammentreffen in einer unverkrampfteren Atmosphäre ablaufen kann.

Solange wir uns noch in irgendwelchen Groll hineinsteigern, ist nur zu deutlich, wie sehr im Inneren ein mitverursachender Unfriede sitzt. Dieser sollte bewältigt werden, bevor es zu neuen gemeinsamen Erlebnissen kommt. Andernfalls kann sich das Verstricktsein intensivieren, anstatt dass etwas davon eine Lösung erfährt.

Unverkennbar wird, wie sehr bestimmte Mitmenschen zum eigenen Schicksal gehören. Jedoch ist eine vernunftgeleitete Behutsamkeit zu empfehlen, sonst geraten wir eher außer uns und erzeugen karmische Verwerfungen. Nicht heilsamer, sondern entstellter geht es dann voran.

Karma neigt zum Missgeschick, wenn wir ihm stets weniger entsprechen. Keine Klärung vollzieht sich dann, vielmehr ist alles bald noch verworrener. In einem seelischen Dickicht wird eventuell gesteckt, welches kaum aufzulichten ist.

Wir sollten lieber auf zu drastische Verhaltensweisen verzichten. Viel Rücksicht ist verlangt, im Verein mit großer Geduld, wenn unser Schicksal so sehr spricht, dass das fast den Atem raubt.

Von einer Eindringlichkeit ohnegleichen kann dies sein. Durch andere Menschen wird angerührt, was uns beinahe umwirft. Etwas sticht ins eigene Seelenwesen, das kaum auszuhalten ist.

So bezeugt sie sich immer wieder, diese unerhörte Vehemenz vom Karma! Die Versuchung, alles abzuschütteln oder loszuwüten, ist ungeheuer stark. Nur bewusstes Anerkennen schützt vor einem Fehlverhalten.

Einen einzigartigen Freiheitseinsatz verlangt dies, gepaart mit lebenspraktischer Kreativität, um damit zurechtzufinden. Kunstvoll dosierte Gemeinschaftlichkeit gilt es auszuüben, damit dies besser zu verkraften ist, statt dass wir sozusagen Gift und Galle spucken.

Zwar kann gemeint sein, Nahestehende würden uns geradezu wie aufspießen. In Wirklichkeit meldet sich Dunkles in uns selber, das wir schmerzvoll zu transformieren haben.

Andere sind wohl Mitveranlasser hiervon, doch liegen entscheidende Ursachen innerhalb der eigenen Seele. Und nur wenn wir den persönlichen Anteil daran zu beheben versuchen, lassen sich auch Besserungen im Verhältnis zum Mitmenschen erwarten.

Mag die Auflehnung in uns noch so wild sein, zeigt dies im Grunde trotzdem, dass Entscheidendstes geschieht. Doch muss eine gesunde Umgangsform damit gelernt werden. Weder sollten wir alles fahren lassen, noch darf sich irgendetwas allzu sehr forcieren.

Rasch zu erledigen oder einfach abzuhaken ist da nichts mehr. Stets wieder müssen wir gefasst sein auf massive Einbrüche, die alle bisherige Gemeinschaftlichkeit in Frage stellen. Sie soll dennoch keinesfalls verworfen, sondern neu gewichtet und gerichtet werden.

Um ein heilsames Umorientieren unseres Wesens insgesamt handelt es sich. Einst Abgedrängtes ist neu in den Schicksalsverlauf zu integrieren. Im Hintergrund kann beispielsweise ein ehemaliges Beseitigen vermeintlicher Ketzer walten.

Jetzt sollen sie sinnvoll hereingenommen, ja voranleitender Schicksalspartner werden. Infolge einer karmischen All-Chemie gilt es dem zuvor Störenden etwas desto Förderlicheres abzuringen. So dass wir hinterher sagen können: Trotz mancher leidvollen Pein, die ertragen werden musste, ist doch mehr Gutes entstanden.

Schmerzliche Phasen im Schicksalswalten sollten uns keinesfalls demütigen. Diese wären in menschenwürdiger Haltung zu bestehen. Wobei sie uns zugleich gottesbedürftig machen können!

Denn was erlaubt, abgründige Lebensabschnitte durchzuhalten, kann nicht allein aus uns selber stammen. Indem wir in einer vermeintlichen Ausweglosigkeit hoffnungsvoll ausharren, kann sich eine unterstützende höhere Beteiligung beigesellen.

Linderung und Trost vermag das Schicksal für den anzubieten, der nicht müde ist im Ausschauen auf hilfreiche Winke – egal wie oder über wen diese uns zukommen. Oft sind es Menschen, von denen wir dies am wenigsten erwarteten. Während jene meist enttäuschen, auf die vor allem gebaut werden sollte!

Durch eigene Fixiertheiten kann dies direkt bedingt sein. Weil wir ganz bestimmte, enge und festgelegte Bilder von dem hatten, was für uns angemessen wäre, wurden schicksalsmäßige Lösungen eher blockiert. Diese richten sich überhaupt nicht nach unseren Vorstellungen!

Darum ist kaum etwas wichtiger als ein fortgesetztes Üben der Unbefangenheit. Das Karma vermittelt, was wir nicht hätten ausdenken können. Es sorgt für Überraschungen, die unsere Einseitigkeiten korrigieren möchten.

Solches geschieht nur dann unter befriedigenden Vorzeichen, wenn wir dies gerne akzeptieren. Wer die Schicksalsangebote ausschlägt, anstatt sich freundlich damit zu befassen, dem treten um so widrigere Kehrseiten entgegen.

Christliches Versöhnen

Mittels positiverer Gesinntheit tragen wir zu einer günstigeren Schicksalsabwicklung bei. Es bedeutet nicht, alles einfach über sich ergehen zu lassen. Das wäre ein bloßer Fatalismus, der sämtliches Karma für unabänderlich hält.

Genausowenig passend ist jedoch ein blindes Abwehren, wodurch wir uns selber schwächen und schwierige Schicksalsumstände sich drastisch verschärfen können. Diese negative Reaktion erzeugt immer noch mehr karmische Widrigkeiten.

Nicht zuletzt deshalb stecken einzelne Individuen in einem verhangenen Schicksalsnetz mit kompliziertesten Knotenbildungen. Ein Entweichen daraus ist so kaum zu erwarten.

Trotzdem bleibt stets die Möglichkeit, sich mit kompetenten und zur Unterstützung bereiten Mitmenschen auszutauschen. Aus ihrer Zuwendung kann eine helfende Kraft entstehen, welche es gestattet, uns besser in dem zu behaupten, was wir schicksalsmäßig angezogen haben.

Indem ein Sprechen über das versucht wird, womit allein nicht mehr zurechtzukommen ist, kann dies bereits einen Sprung über den eigenen Schatten einleiten. Er droht uns völlig zu bannen, solange wir nur auf ihn fixiert sind.

Gelingt es etwas einzubeziehen, das gewissermaßen die Todesschwelle überragt, kann sich vieles wieder wenden. Letztlich ist dies mit dem Christus-Impuls zu erklären, durch den wir über unser jetziges Leben hinauszureichen vermögen.

In der größten Schicksalsnot kann sich dies ereignen, sofern wir nicht die Hoffnung aufgeben und keiner völligen Verdüsterung verfallen. Im Geiste des Christus braucht gar nichts als Strafe zu gelten. Alles soll zur Gelegenheit werden, noch innigere Liebesbande zu weben.

Einsicht für sich genügt nicht immer. Manchmal muss ein todesähnliches Erleben hinzutreten, ohne dass wir völlig verzagen sollten. Wo sonst gänzliche Umnachtung zu walten droht, kann eine lichtvollste Schicksalsumkehr stattfinden.

Von der inneren Erfahrung her gesehen mag es erscheinen, als stünden wir im Grab. Dennoch dürfte die Seele nicht ihre innere Aufgerichtetheit aufgeben. Dann hilft ihr das über tiefste Düsternisse hinweg.

Im menschlichen Miteinander kann es ebenfalls solche Verfinsterungsphasen geben, wo keine Aussicht auf ein Besserwerden existiert. Dabei kommt alles darauf an, das Hoffen nicht fahren zu lassen. Ein dunkler Vergangenheitsbann mag zwar noch stark sein, einmal aber löst er sich.

Zukünftiges Versöhnen gilt es im christlichen Sinne schon ins Auge zu fassen, auch wenn dem die Gegenwart noch widerstrebt. Irgendwann jedoch wird das Niederziehende seine Übermacht verlieren.

Das Christliche siegt nicht durch Gewalt, vielmehr durch Ausdauer. Es verzichtet auf zwanghaftes Durchsetzen, sondern versucht ein Wachsen am Hemmenden.

Was sich gegen uns stellt, dem kann Entscheidendes abzugewinnen sein. Wir sollen daran eine Kräftigung erfahren. Außerdem ist häufig erst abzuschälen, was an Belastendem mitgeschleppt wird.

Insofern bedeutet die christliche Feindesliebe keineswegs eine Überforderung. Im Gegenteil lässt sich nur so mit Widerspenstigem zurechtfinden – zumal häufig daran mitgeschaffen wurde in alter Zeit.

Freundlich und friedvoll haben wir nun dem entgegenzutreten, was einstens an Unliebsamem in die Welt geschickt ward. Dies kehrt meist in solchen Momenten zurück, wo ein Einzelmensch oder eine ganze Gruppe damit befasst ist, neue Schritte im Blick auf ein Zukunftswirken zu unternehmen.

Deshalb sind diejenigen Persönlichkeiten und Gemeinschaften oft sehr attackiert, die sich anspruchsvolleren geistigen sowie sozialen Zielen widmen. Sie begeben sich gewissermaßen ungeschützt auf ein freies Feld und können von vielen Seiten wie beschossen sein.

Ganz Neues soll anfangen. Gerade dann werden wir von allerlei Gebrechen aus früheren Epochen eingeholt. Mannigfaltige Unbilden melden sich, die auf alten Versäumnissen beruhen. Sie wollen gewandelt und mitgenommen sein.

Was ehemals vereinseitigte oder insgesamt fehllief, gibt sich vielfach genau in den Momenten kund, wo wir uns einem Umorientieren unterziehen. Am Einstigen muss sich nun die neue Ausrichtung bewähren.

Wer die betreffenden Schicksalsbezeugungen beiseite wischen möchte, erzeugt um so verworrenere Lebenssituationen. Denn das Karma ignoriert man nicht folgenlos. Es wird erst richtig hartnäckig.

Allmählich lernen wir zu akzeptieren, dass eine Ausgewogenheit walten muss zwischen eigenem Voranschreiten und einem Umformen von Schicksalsanteilen aus der Vergangenheit. Beides wäre gekonnt miteinander in Einklang zu bringen.

Mit der schon genannten Schicksalskunst ist das verbunden. Aus zurückliegenden Zeiten bekommen wir Arbeitsmaterial präsentiert, womit eine befriedigendere Zukunftsgestaltung erwachsen soll.

Also gilt es zu bejahen, wogegen sich oberflächlich vieles sträuben möchte. Die karmischen Beigaben sind exakt dasjenige, was benötigt wird, um eine geeignete Weiterentwicklung zu erreichen.

Woran zuvor gestrauchelt wurde, das kehrt als Korrektiv zurück. So können wir fernerhin vor Schlimmerem geschützt sein, wenn der schicksalsmäßigen Antwort passend zu begegnen ist.

Die entsprechende Erwiderung verlangt eine außerordentliche Kreativität. Mit demjenigen muss kunstfertig verfahren werden, das uns so sehr aufstößt. Was wir dabei empfangen, macht am meisten Mühe.

Wir haben dies zunächst abgefertigt und verworfen. Jetzt muss es so phantasievoll wie möglich einbezogen sein. Hiermit lässt sich dann vorangelangen.

Einer Billardkugel gleicht das. Sie trifft auf eine andere und vermittelt dieser ihren Bewegungsimpuls. Genauso gilt es etwas von jener Intensität zu übernehmen, die heftig am eigenen Wesen rüttelt.

Während bisher die Neigung vorherrschen mag, uns mit Erhabenstem voranzubewegen, ist das nun gegenüber überraschenden oder sogar sehr unbequemen Lebensvorgängen zu versuchen. Damit wäre so geschickt umzugehen, dass sich etwas Förderliches entwickelt.

Eigentlich ist bereits eine Wahl geschehen, aber in längst vergangener Zeit. Jetzt kommt etwas zurück und wir sollen das zur Übung machen. Hierzu wird nur derjenige Mensch bereit sein, der auch einsieht, dass darin eine tiefere Bedeutung liegt.

Heikle Schicksalsangelegenheiten lassen uns nicht los. Es bleibt nur übrig, sich immer besser damit anzufreunden.

Eine Entscheidungsfähigkeit ganz besonderer Art müssen wir erlernen. Nicht in enger, sturer Manier: Entweder es geschieht so, wie ich dies angestrebt habe – oder alles wird fahren gelassen.

Vielmehr höchst einfühlsam sowie kreativ zugleich: Wieweit läuft etwas einigermaßen verträglich? Wann muss ich mich zurückhalten und neu ansetzen.

Auf eurythmisch bewegte Weise gilt es gerade auch Unangenehmem zu entsprechen. Früh genug wäre abzuspüren, wo etwas zuviel wird. Wir haben dann loszulassen und müssen uns anders bemühen.

Dies ist zu wiederholen, bis sich echte Fortschritte zeigen. Irgendwann sind jedoch Erleichterungen bemerkbar. Solche Schicksalseurythmie bringt uns eine richtige

Beschwingtheit bei und wird gar wie ein innerer Jungbrunnen.

Fiel zunächst einiges auch schwer, können wir dennoch so mit uns ringen, dass Belastendes sich abtragen lässt. Schließlich bereitet es direkt Vergnügen, versöhntere Gesten zu zeigen, obwohl viel Schwieriges bewältigt werden muss.

Mag auch verschiedenen Lebensereignissen weiterhin Bitteres beigesellt sein, brauchen wir keineswegs zu versauern. Aufgrund des Sich-Freischaffens von fesselnder Negativität kann eine stets vergnügtere Note ins Schicksalsgerangel einziehen.

Gewiss bleibt vieles zäh oder gar verquer. Doch kann gelernt werden, sich darauf unverkrampfter und vor allem weniger nachtragend einzulassen. Eine verjüngende Dimension gelangt somit ins Schicksal zur Geltung.

Wer das Verzeihen übt, kann neu mit jemand anfangen. Obwohl mancherlei falsch gelaufen sein mag, lässt sich die Beziehung unbelasteter fortführen. Vorausgesetzt, dass wir uns selber von Starrheiten lösen!

Zwar mahnt das Karma häufig streng. Desto nachsichtiger sollten wir deshalb miteinander verfahren. Wie von allein erhält sodann unser Schicksal einen freundlicheren Ausdruck.

Versäumnisse und Übertriebenheiten, die sich mal zutrugen, haben wohl ihre Wirkung. Indem wir aber ausgeglichener reagieren, kann in milderem Lichte vorangeschritten werden. Statt mit den Karmafolgen zu hadern, wäre das eigene Verhalten zu hinterfragen und gemäßigter weiterzumachen.

Frühere Geschehnisse sollen wir anerkennen, ohne dass sie über uns bestimmen. Wesentlich ist die Orientierung an dem Neuen, das es anzufügen gilt. Unser darauf bezogenes Bestreben sollte nicht ermüden.

Bis wieder mehr Übereinstimmung in die Schicksalszusammenhänge einzieht, das kann zwar lange dauern. Es bestätigt aber nur, was alles auszugleichen ist.

Ungünstige Schicksalsäußerungen sind letztlich nur Kennzeichen für Tendenzen, die noch nicht zusammenpassen. Deswegen verbittert zu sein, bringt gar nichts. Einzig angebracht wäre, ein ausgeglicheneres Handeln einzuleiten.

Wie oft haben nicht Musiker zu proben, bis ihr Spiel dem zu erarbeitenden Stück gemäß ist und schön erklingt! Ähnlich mag das Karma noch voll krächzender Misstöne sein.

Sich darüber zu beschweren, nützt wenig. Wir haben dies ja in die Welt gesetzt. Sinnvolle Forderung kann einzig sein, einen befriedigenderen Zusammenklang herzustellen.

SICH VON DEN FOLGEN BELEHREN LASSEN

Altes im Schicksal ist oft übermächtig, bis in gravierende Krankheitsauswucherungen hinein. Allein: Dabei geht etwas zuende, ja es hat sich vielfach selbst eingeholt und gerichtet. Wie drastisch oder wuchtig dies auch erscheinen mag, seine Zeit läuft ab.

Neues Karma kommt unscheinbarer. Es ist noch schwach und muss sich zaghaft entwickeln. Sein Nähern hat mit leiseren Schritten zu tun, kann aber voller Poesie sein.

Von grotesken Schicksalstragödien sollten wir irgendwann geheilt sein. Was nützt ein wildestes Zetern und Empören, wenn erst eine Selbstverwandlung ansteht! Diese ist am wenigsten mit Gewalt zu erreichen.

Rücksichtsvoll gilt es hier vorzugehen. Nicht auf irgendwelches perfekte Können ist da zu stoßen, eher auf vielerlei Unfertigkeiten. Besonnenheit wird verlangt sowie große Geduld.

Alte Stärken haben sich zunehmend ausgelebt. Dem Neuen gegenüber zeigt jeder so seine Schwächen. Gerade das wäre als Zukunftschance eines immer menschlicheren Verhaltens zu erkennen und zu bejahen.

Wir sollten keineswegs trauern, dass hier nicht soviel vorgeformt ist. Eine Aufforderung könnte das vielmehr sein, dass jeder sein Bestes einbringt. Dafür bedarf es eines beständigen neuen Sich-Aufraffens.

Nichts drängt nunmehr von sich aus. Keinerlei Schicksalsautomatismus wirkt. Fatal wäre, in einer bloß ab-

wartenden Passivität hängenzubleiben. Ein fortwähren-
des Versuchen ist stattdessen vonnöten, damit uns
allmählich neues Schicksalsglück zuwächst.

Zuvor muss mancherlei Hinderliches im Karma abge-
schliffen werden – in uns sowie im Verhältnis zu anderen. Daran können wir so erstarken, dass tragende Zu-
kunftskraft hervorwächst.

Selbst wenn wir vor scheinbar unüberwindbaren
Mauern stehen, muss das nicht eine Niederlage bedeuten. Ganz im Gegenteil kann dem eine solche Stärke ab-
gerungen werden, dass deswegen zukünftige Ungewissheiten bewältigbar werden.

Mit dem Schicksalsausgleichen hat das so seine Ge-
heimnisse. Manchmal bleiben wir lange im unklaren
und mühen uns fast vergebens. Danach mag sich zeigen,
dass dies dennoch eine gute Vorbereitung war, um von
nachfolgenden Unwägbarkeiten nicht allzu sehr verunsichert zu werden.

Kein Widerspruch braucht das zu sein, sondern es
kann sich sogar als hilfreich erweisen: Das Schicksal
schüttelt den Menschen, um ihn besser zu betten. Was
uns an Wertvollem begleitet, vermag eine Stabilisierung
zu erfahren, indem wir zugleich von Problematischem
frei werden.

Einiges an heilsamer Wirkung schreitet nun einmal
mit Erschütterndem einher. Ohne letzteres ist es häufig
nicht möglich, dass sich ablöst, was allzu belastend an
uns hängt. Zunächst erscheint dies peinigend und hat
trotzdem rettende Funktion.

Verzagen wir nicht im Leidvollen, kann es uns doch
voranbringen. Änderungen werden hervorgerufen, die

längst nötig waren, wofür wir aber zuwenig geneigt gewesen sind.

Unterstützende Bekräftigung bietet somit manches, wo wir meinten, das würde uns zu Fall bringen. Zwischendurch mag vermeintlich nichts mehr gehen. In der Tat geschah jedoch ein Verhindern und Überwinden von völlig abwegigen Tendenzen.

Einen Riegel schiebt das Karma mitunter vor. Wir sind plötzlich wie behindert, wo eben noch das intensivste Engagement waltete. Eventuell muss ganz hiervon abgelassen oder zumindest so weitergemacht werden, dass dies vereinbar ist mit all unseren sonstigen Lebensbezügen.

Insofern bringen schmerzliche Schicksalssituationen wieder ins Lot, was auseinanderzufallen drohte. Bei einem Knochenbruch ist ja auch unverzichtbar, dass die geschädigte Stelle geschient und ruhiggehalten wird.

Ähnlich kann dies sein, wenn eine schwierige biographische Phase uns seelisch völlig abzulähmen scheint. Depressive Gefühle gewinnen die Oberhand. Für eine Weile sind wir wie beherrscht davon.

Hinterher mag sich bestätigen, dass durch das eventuell ziemlich verzweifelte Innehalten zu einer völlig neuen Orientierung gefunden wurde. Ohne sie wären wir irgendwann total zusammengebrochen.

Von einer Schicksalsgenesung kann somit gesprochen werden. Obwohl wir meinten, dass uns das Karma gewissermaßen ein Bein gestellt hat, mag sich später bezeugen, dass gerade dies vor unbewältigbaren Angriffen und Schwächungen schützte.

Für eine ausgewogene Schicksalsbetrachtung ist es deshalb wichtig, dass unterschieden wird zwischen der momentanen Verfasstheit, die eher verworren oder missliebig sein kann, und einer gesamthaften Einschätzung. Mag auch das Befinden sich beeinträchtigt fühlen, weil etwas nicht so glückte, wie wir dies gerne gewünscht hätten, ist eventuell dennoch eine tiefere Weisheit am Werke, welche darauf achtet, dass unsere individuelle Existenz mit umfassenderen Weltbezügen übereinstimmt.

Eine universellere Sicht gilt es sich deshalb anzugewöhnen, um das persönliche Geschick von seiner Zugehörigkeit zu größeren Evolutionszusammenhängen her zu beurteilen. Der Blick auf die Folgen sollte immer entscheidender sein.

Nicht was war oder was es gegenwärtig für uns bedeutet, sollte maßgebend sein, vielmehr wie etwas mit einer menschheitlicheren Zukunftsausrichtung zusammenpasst. Dabei kann eine stets intensivere Christuswirksamkeit im Karma verspürbar sein.

Das steht jenseits von augenblicklicher Willkür sowie bloß strafender Vergangenheitsfixierung. Alles kann sich neu ordnen im Sinne ausgeglichenerer zukünftiger Gemeinsamkeiten.

Weder ein billiges Interesse an vergänglichen Gegenwartsfreuden sollte vorrangig sein noch die unerbittliche Fixiertheit auf ehemalige Vorkommnisse. All das kann sich einfügen unter dem Gesichtspunkt kommender Versöhnlichkeit.

Überfordert wären wir, falls mit Vergangenem endlos gestritten werden sollte, um dies sozusagen wieder ins

Rechte zu bringen. Das ist nicht leistbar. Es müsste einen immer bröckeligeren Boden für uns ergeben.

Weitertragend sein können nur die wesentlichen Lernprozesse daraus. Denen sollten wir die Treue bezeugen, statt an irgendetwas festzuhängen, was besser aufzugeben wäre.

Auch dies ist häufig allein nicht zu leisten. Einzelne Lasten oder Verletzungen aus früherer Zeit sind so zäh mit uns verwoben, dass nur durch um so positivere Zuwendung von Mitmenschen ein Friede damit zu schließen ist.

Endloses verbittertes Grübeln, verbunden mit ständig neuen Vorwürfen, kann verursachen, dass wir zu sehr fixiert bleiben auf das, was irgendein Scheitern hervorgerufen hat. Diesbezügliche Wunden können sich dann kaum noch schließen. Zumindest dauert es oft sehr lange.

Lassen wir also ruhen, woran nicht mehr zu rütteln ist. Es müsste uns irgendwann in einen Abgrund der Vernichtung ziehen. Gebaut werden kann nur auf jenem Grund, der in Zukunftszeiten leitet.

Niemals vermag Vergangenes selber voranzuführen. Dieses muss irgendwann verfallen. Sondern die wertvollen, auch mit viel Leid verbundenen Lehren können dies nur leisten. An sie gilt es sich zu halten, ja daran unsere Würde aufzurichten.

Auf eine sehr diffizile Mitte zwischen zu Verabschiedendem und Neuzubildendem müssen wir hierbei achten. Immer wieder trifft uns Altes, was noch belastet oder verletzt.

Die behutsame, zuweilen auch energische Abgrenzung ist wesentlich, um irgendwann davon befreit zu sein. Auf ganz wörtliche Weise gilt es sich damit auseinander zu setzen.

Abzuschälen ist, was nicht zu uns gehört. Eine Steigerung erfahren soll jedoch zugleich dasjenige, was unser Wesen weiterleitet.

Schöpferisches Ordnen

Zu erüben wäre ein kreatives Schicksalsheilen. Mit den Begebenheiten um uns soll so umgegangen werden, dass stets förderlichere Konsequenzen auftreten.

Weder selbstherrliches Abschmettern noch billiges Sich-Anpassen ist angebracht. Dem Karma gegenüber ist vielmehr eine konstruktive Auseinandersetzung gefordert.

Nicht nur wir sollten dran bleiben und ein Ringen damit auf stets hilfreichere, ja schönere Art versuchen. Vielmehr hat das Schicksal selber durch seinen wiederholenden Charakter eher noch größere Beständigkeit – sofern nicht zuviel manipulative Gewalt von menschlicher Seite sich einmischt. Sonst schlägt einiges geradezu eruptiv zurück.

Dann ist es aus mit dem schöpferischen Sich-Wandeln: von uns und dem Schicksal selber. Wer allzu negierend reagiert, erfährt irgendwann desto drastischere Echowirkungen – bis in gravierende Krankheiten oder gar Naturkatastrophen hinein. An Erdbeben, Überschwemmungen, Orkanen und manchem mehr sind zunehmend auch menschliche Karmabelastungen mitbeteiligt. Womit zuwenig innere Läuterung geschah, das kann bis in gesundheitliche oder ökologische Krisen hinein zum Ausdruck gelangen.

Egal was sich auch ereignen mag, wir dürften damit nicht immer noch heftiger hadern. Ein stets heilsameres Verhältnis dazu wäre stattdessen anzustreben. Von uns sind friedsamere und schöpferische Antworten verlangt, nicht resignative Rückzieher oder aggressive Gegenschläge.

Falls wir das Schicksal fliehen, holt uns dieses dennoch ein. Es hat nun einmal einen längeren Weltenatem, durch verschiedenste Erdenleben reichend.

Wenn wir unser Karma bekämpfen wollen, werden problematische Tendenzen verstärkt. Die wertvollen Impulse darin verhüllen sich hingegen um so mehr. Das Gute gelangt zeitweilig nur noch in Gestalt von Härte zum Vorschein.

Trotzdem ist dies dann am besten für uns – aus einem ganzheitlichen Anschauen der eigenen Schicksalsbedingungen heraus. Dazu sind nicht wenige Menschen erst später, aus dem Rückblick befähigt. Zuvor betrachtete man das meiste als ungerecht oder wie eine Strafe.

Vielfach erfolgte gerade dadurch ein Festklammern an dem, was uns zusetzt. Denn wenn wir etwas mit sehr negativer Einstellung aufnehmen, frisst sich dieses noch mehr in die eigene Verfasstheit hinein.

Unbefangeneres Akzeptieren dessen, womit wir ja sowieso konfrontiert sind, macht es auf jeden Fall leichter, ein vernünftiges und immer gesünderes Verhältnis dazu zu erreichen. Wir verkrallen uns nicht zusätzlich darin.

All unsere verfügbaren Kräfte können mithelfen, einen annehmbaren Bezug hierzu aufzubauen. Dass wir damit zu schaffen haben, ist ja unverkennbar. Und je stärker dies zu verleugnen versucht wird, um so deutlicher mag es sein!

Darum nützt die versöhnliche Haltung gegenüber dem Karmawalten nicht zuletzt uns selber. Wir können voll auf das hingewendet sein, was einen heilsamen Wandel zustandebringen hilft.

Dies ist am meisten nötig, wenn uns eine besonders vertrackte Schicksalslage heimgesucht hat. Nur sozusagen Zeter und Mordio zu schreien oder gar richtig loszuwüten, erzeugt noch drastischere Verwicklungen. Es bestätigt allerdings auch die eigene Betroffenheit.

Stets muss die Form des Umgangs passend sein. Auf ein verstimmtes musikalisches Instrument schlage ich ja nicht ein, damit dieses besser mitmacht!

Nein, es muss auf eine um so hinlauschendere Weise wieder in einen wohlklingenden Zustand versetzt werden. Wie sehr viel schwerer ist das meist bei mitmenschlichen Zusammenhängen.

Häufig kann eine Mithilfe von weniger betroffenen Persönlichkeiten beim Ertragen der karmischen Angelegenheiten geboten sein. Viel muss sich bei uns erst ändern, um ein gutes Zurückwirken zu erreichen.

Zusätzlich bedarf es des Beteiligtseins geistiger Wesenheiten, damit wir leichter imstande sind, uns dem Karma gemäß zu verhalten. Das geschieht in drei Stufen, entsprechend den Gliederungen der höheren Hierarchien:

1. Um unser persönliches, zwischenmenschliches, zuletzt auch globales Schicksal auch nur einigermaßen ausgewogen zu betrachten, dazu benötigen wir die Hilfe der Engel, sodann von Erzengeln und Urkräften (Archai), also den Wesenheiten der dritten Hierarchie. Es existiert hier auch ein Bezug zu Mond, Merkur und Venus.

2. Jenes Umgestalten der eigenen Seele, welches aus dem Schicksalsanschauen resultiert, kann sich vollziehen durch Unterstützung der zweiten Hierarchie, von den Geistern der Form, der Bewegung sowie der Weisheit. Sie sind eng mit dem kosmischen Sonnenwirken verbunden, bringen uns selber weiter und gestatten einen guten Bezug zu anderen Menschen.

3. Daraus erwächst mit der Zeit eine Befähigung zum Fördern der Karmaverläufe. An diesen sind Wesenheiten der ersten Hierarchie beteiligt, die Geister des Willens, der Harmonie und der Liebe. Sie lassen sich erleben im Verein mit Mars, Jupiter und Saturn.

Mit diesen drei Abstufungen ist unser Geist-Seelenwesen nach dem Tode weiter beschäftigt. Ein Anknüpfen daran bildet sich ab in der menschlichen Biographie. Hier können ebenfalls drei Abschnitte erfahren werden:

1. Mehr im ersten Lebensdrittel treten mitgebrachte Gaben als Errungenschaft aus einer nachtodlichen Läuterung hervor. Das ist bereichert durch die Früchte vorheriger Erdenleben.

2. Jedoch holt den Menschen mehr im zweiten Lebensdrittel dasjenige ein, was mit konkreten Verstrickungen aus früheren Inkarnationen zu tun hat. Mit einem eher besser oder schlechter gelungenen Wandlungsbemühen ist er erneut konfrontiert.

3. Jetzt brauchen wir ein inniges Verwobensein mit höchsten Geistwesen, um nicht dagegen schroff loszulegen, sondern durch ausgleichende Handlungen zu antworten. Das letzte Lebensdrittel könnte dem vor allem gewidmet sein.

Im kleinen Kind leuchtet eine Himmelsreinheit nach, die herausgehoben ist aus bloßer schicksalhafter Bezogenheit. Das ist dem kosmischen Aufenthalt nach dem Tode zu verdanken. Ein wenig nehmen wir daran in der Nacht teil.

Auch im Schlaf kann der Mensch sich über alle karmische Verflochtenheit erheben, um von einer solch schönen Geisteserneuerung zu zehren, wie das besonders im Bild von der weihnachtlichen Kindesgeburt zum Ausdruck gelangt – von welcher die Hirtenmenschen angesprochen worden sind.

Allergrößte Herzensreinheit waltet hier. Durch sie wiederum können wir uns viel gelöster all dem zuwenden, was die mehr oder weniger leidvollen Erfahrungen aus zurückliegenden Erdenverkörperungen betrifft.

Zugleich sollte sich auch ein gerüttelt Maß an königlicher Weisheit angesammelt haben.

Beides kann sich in unserer Menschenwesenheit begegnen: die rein kindliche oder hirtenhafte Herzensqualität – und das reiche, aber durchaus auch schmerzbegleitete Königstum.

Aus einem konstruktiven Zusammenströmen beider Tendenzen wird gesunde Schicksalsbewältigung möglich. In uns selber bedarf es sehr wohl starker, jedoch weise gehandhabter Königskräfte. Begleitet sein sollte das von einer Empfänglichkeit und Hingabe, wie dies mehr einer Hirtennatur entspricht.

Außerdem kann unser Schicksal unterstützt sein von dem, was mit dem Unterschied vom kleinen und großen Hüter der Schwelle gemeint ist. Der eine weist uns in Schranken und veranschaulicht, was noch alles an Belastendem aufgearbeitet werden muss.

Mit Vergangenheitseinflüssen ist der kleine Hüter der Schwelle verwoben. Er zeigt Abgeschobenes auf, das trotz aller Verleugnungsversuche uns begleitet und auch Mitmenschen drangsalieren kann.

Zum anderen gibt es den großen Hüter der Schwelle. Dieser bezeugt, was wir noch alles zu erwerben haben, um wahrer Repräsentant menschheitlicher Qualitäten zu werden. Leuchtendes Vorbild für uns ist er.

Als Gegensatz hierzu ist der kleine Hüter eine sprechende Mahnung in bezug auf all das Unzulängliche, welches noch an uns hängt. Ein Bild des Allzumenschlichen steckt damit in uns, gewissermaßen als Zeichen vieler widersacherischer Verquickungen: sowohl in luziferisch-egozentrierter als auch ahrimanisch-stoffgebundener Hinsicht.

Im großen Hüter der Schwelle können wir den voranschreitenden, aus der Zukunft uns entgegentretenden Christus erahnen. Doch lässt sich auch bewusst machen: Schon indem jemand an seinem individuellen Ungenügen leidet, ist das bereits eine Bestätigung dafür, dass etwas Höheres in ihm mitlebt oder zumindest vor ihm zu stehen vermag.

Jener Schmerz, welcher das in Unordnung geratene Karma im eigenen Innern erzeugt, lässt sich schon als Näherkommen jenes großen Schicksalspflegers erfahren, als den wir immer mehr die Christus-Wesenheit erkennen. Zu ihr hinleiten kann ferner jenes Unbehagen, welches Misslichkeiten in den gegenseitigen Bezügen aufzeigt.

Unsere Pein wegen unstimmigen karmischen Verhältnissen untereinander wird selber ein Weg, um die helfende Nähe des Christus zu realisieren. Und das Streben nach einem heilsamen Überbrücken von missratenen oder gar zerbrochenen menschlichen Verbindungen führt zum stets engeren Zusammenwirken mit jenem Wesen, welches eigentlicher Lenker unseres Schicksals werden kann.

Indem wir persönliche sowie gemeinsame karmische Nöte nicht einfach nur registrieren, gar kalt darüber hinwegschreiten, sondern uns davon echt geplagt fühlen, ja wie verwundet, schafft gerade dies eine Möglichkeit zur Einbeziehung des Christus.

Friedsame Genesung

Wohl mag gelten, was wir eingangs als Ahnung vom einstigen Griechentum her genannt hatten: Das Schicksal, stärker als Menschen und Götter! Nichts kann mehr erschüttern. Was darin waltet, ist unvergleichbar.

Jedoch trifft auch zu, was in Verbindung mit Johann Wolfgang von Goethe, Friedrich Schiller oder anderen Individualitäten der klassisch-idealistischen Zeit von Mitteleuropa betont werden kann: Stärker als das Schicksal ist derjenige, der sich überwindet. Das heißt, wer an den karmischen Begebenheiten so wächst, dass ganz neue lebenswendende Schritte dadurch möglich sind!

Solches lässt sich gerade auch formulieren hinsichtlich mancher Schicksalsverfrühungen, welche auf jene Individuen und teilweise Gruppen zukommen, die einen bewussten geistigen Entwicklungsweg beschreiten. Diese hadern nicht mit ihrem Karma, sondern fordern es im positiven Sinne.

Zwar mag dann einige Schicksalsdramatik beschleunigt auftreten. Eine Häufung schwieriger karmischer Ereignisse scheint sich zu zeigen. Aber wir dürfen davon nicht wie gefangengenommen sein.

Stattdessen könnte sich aus dem mutigen Bejahen eine Erleichterung von später allzu komplizierten Situationen ergeben. Da ist sogar zu akzeptieren, dass wir zwischenzeitlich immer mal wieder in Phasen stecken, wo eine bestimmte Ohnmacht und Verzweiflung durchgehalten werden muss.

Was macht das schon, wenn unsere momentanen Schicksalsbelastungen ein wenig oder deutlich verstärkt sein mögen! Aus dem Wissen heraus, dass dies künftige Verhängnisse abschwächen kann, damit sie vielleicht überhaupt erst zu verkraften sind, ist das dennoch zu bewältigen.

Lieber jetzt ein paar karmische Päckchen mehr auf dem Buckel, solange wir freier damit umzugehen vermögen. Dann sind vielleicht jene Phasen einigermaßen aufrecht und menschenwürdig zu durchschreiten, in denen sonst ein völliger Zusammenbruch hätte geschehen können.

Hier gilt es eine möglichst unbefangene Größe zu zeigen angesichts dessen, was wir vermeintlich noch provoziert haben durch einigermaßen konsequentes geistig-moralisches Übungsbemühen. Mögen dabei auch mancherlei Ausfälligkeiten von Mitmenschen auftreten, die sich durch unsere Haltung gestört fühlen, so sollten wir uns trotzdem nicht noch hineinsteigern.

Innere Standfestigkeit wäre zu bewahren gegenüber solchen im Grunde abgelebten Unflätigkeiten. Etwas schießt quer, dessen Zeit abgelaufen ist. Eigentlich sind dies Todeszuckungen.

Lassen wir uns dadurch nicht von den wahrhaft entscheidenden Zukunftsorientierungen abbringen! Löblich wäre es, weit verzeihender mit allem zu verfahren, was an unaufgearbeiteten Vergangenheitsverletztheiten weiterwühlt. Das soll sich irgendwann abschälen – wie die Verkrustung auf einer Wunde, unter der ein neuer Heilprozess längst eingesetzt hat.

Mehr als genug kann dies versöhnen mit zu überstehendem Schmerz. Jedoch reicht das nicht aus im Hinblick aufs eigentliche Weiterkommen.

Letzteres hat sich auch noch zu besinnen auf dasjenige, was an praktischen Handlungen anzufügen wäre. Nur so erhalten frühere Einseitigkeiten eine echte Korrektur.

Gerade dies genügt nicht: bloß abzuwarten, dass das Schicksal selber etwas bereinigt. Vielmehr wäre stets intensiver mitdenken und dazufügen zu lernen, was an Ausgleichsimpulsen verlangt ist.

Gewissermaßen partnerschaftlich gilt es sich dem entgegenzubewegen, was vom Karma her gefordert wird. Keinen zerschmetternden Bumerangeffekt sollten wir in Bangigkeit abwarten. Das eigene Sich-Einstimmen auf die Schicksalssprache kann immer mehr einmünden in eine heilsam-kreative Kooperation damit.

Auf ein Anfreunden mit kommenden Anforderungen vom Karma können wir uns zubewegen. Je früher Gefallen daran gefunden wird, desto eher lässt sich bereits manches Gegengewicht zu dem bilden, was ansonsten zerstörerische Folgen zeitigen mag.

Aufrichtiges Vorbereiten, ja eventuell aufopferungsvolles Vorgreifen kann gestatten, dass schlimmste Fatalitäten abzuschwächen und umzulenken sind. So kann das Katastrophalste verhütet werden, weil wir im voraus einiges auf uns genommen haben.

Umgekehrt ist demjenigen, was zu schwach wäre, um durch spätere Lebenserprobungen zu leiten, früh genug eine Stabilisierung beizubringen. Auch dann muss später kein gänzlicher Zusammenbruch geschehen.

Böseste Konsequenzen zu mildern und heikelsten Verlusten vorzubeugen, das gehört wesentlich mit dazu zum In-Ordnung-bringen vom Karma. Mag auch die gesamte Bewältigung lange dauern, weil eben so gewaltige Missgriffe damit einhergeschritten waren, sind wenigstens solche Schritte zu einer positiven Schicksalswendung eingeleitet, dass nicht alles abreißt.

Wenn zumindest Ansätze existieren, woran wieder angeknüpft werden kann, ist niemals alles verloren. Wie bei Bergsteigern mag dies erscheinen, die sich gegenseitig absichern, so dass ein Ausrutscher von jemand sich auffangen lässt. Weil eben anderes in der Not mitträgt!

Klagen wir nicht zu sehr, was noch Kritisches auf uns zurückfallen mag. Stets gab es ja auch Verursachungen.

Lieber sei vorgesorgt, dass wir befähigt sind, ein bisschen vernünftiger oder gesünder zu reagieren, um irgendein Entgleiten zumindest abzumildern.

So muss nicht ständig noch Unmöglicheres nachfolgen. Allmählich kann solch ein heilender Wandel in unsere Geschicke einziehen, dass wir nicht stets Böseres zu erwarten haben, sondern unsere Wege gereifter fortzusetzen vermögen.

Die vielen verworrenen karmischen Angelegenheiten wären mit geduldiger Friedsamkeit aufzugreifen, um mehr Harmonie in sie hineinzubringen. Je zerrütteter diese wurden, desto liebevolleres Begleiten ist nötig, damit alles in achtungswürdigerer Form voranschreiten kann.

Bloßes Bejammern nützt wenig, ja dies lenkt wesentliche Kräfte nur fehl. Und ein Beschönigen von irgendwelcher Schicksalsunordnung wäre erst recht verkehrt, weil es eher weitere Brüche vorbereitet.

Haben wir also Ausdauer auch mit scheinbar ganz vertrackten karmischen Situationen! Diese sind nicht zur Demütigung da. Verhängisvolles soll gerade eine Wende erfahren. Das braucht nun einmal seine Zeit, bis es sich in gesünderer Richtung fortbewegt.

Und die tragende Sicherheit, welche wir hierbei benötigen, ist vor allem durch die Art bedingt, wie wir mit den auftretenden Schicksalsbegebenheiten umgehen. Nur wenn genug Bejahung bei uns existiert, lassen sich die oft sehr unbequemen Anfragen des Karma ins Gute umlenken.

Ein schicksalhafter Heilungswille ist hierbei maßgebend. Was sich an Widrigkeiten zwischen uns geschoben hat, bedarf unermüdlicher Ausgleichsaktivitäten, damit wieder aufeinander zustreben kann, womit noch zahlreiche trennende Faktoren verquickt sind.

Solange wir nicht aufgeben, ist keineswegs alles vereitelt. Freilich sind die Resultate eines karmischen Genesungswerkes häufig sehr spät sichtbar.

Zuvor wird mancher Undank auf uns abgeladen, weil wir keine einfache Ausflucht billigten. Vom Schicksal erfährt nur eine Bestätigung, wer sich vielmals scheinbar ohne Erfolg eingesetzt hat.

Was sich uns irgendwann wieder zuneigen soll, bedarf mitunter völlig neuer Überbrückungselemente. Diese können erst durch langwierigen vermittelnden Einsatz geschaffen werden

Deshalb: Früh mühe sich, wer am Ende die Gunst des Karma auf seiner Seite haben möchte. Es schafft seine Wege durch ganze Welten.

Anton Kimpfler

Unterwegs zu einer Menschheitsfamilie

Dialog statt Konfrontation
zwischen Völkern und Kulturen

ISBN 978–3–934104–28–0

»Blicken wir auf die Entwicklung der verschiedenen Kulturen zurück, so ist bald offensichtlich, wie deren Ausprägen mit leidvollen oder nicht selten sehr gewaltsamen Prozessen einherging. Dennoch hat dies dazu beigetragen, daß weltweit nun alles in einer reichen Verschiedenheit sich begegnen kann. Jene Zeit , wo Völker gegeneinander kämpften, um überhaupt etwas Eigenes darzustellen, sollte mehr der Vergangenheit angehören. Jetzt gilt es wahrzunehmen, mit was für einer Fülle von ethnischen Entfaltungsmöglichkeiten wir es zu tun haben ...« (Aus dem Kapitel »Individuell mit dem Ganzen verwoben«).

Das Buch entstand aus Arbeitsbeziehungen zu mehr als zwanzig verschiedenen Ländern, die der Autor seit vielen Jahren immer wieder besucht. Sowohl in den umliegenden europäischen Staaten als auch bei wiederholten Reisen nach Brasilien, Neuseeland, Australien oder Südkorea gab es fruchtbare Begegnungen mit Menschen aus den unterschiedlichen Kulturkreisen. Aber auch das Unterwegssein in Deutschland mit wachen Sinnen kann zu Begegnungen mit Menschen vieler Herren Länder führen. So zeigt sich, wie sehr eine Menschheitsfamilie im Werden begriffen ist.

Stephan Mögle-Stadel

Dag Hammarskjöld

Vision einer Menschheitsethik

ISBN 978-3-934104-30-3

Der Autor zeichnet in dieser fundamentalen Biografie Hammarskjölds spirituellen Weg nach und zeigt, wie er bewiesen hat, dass die Vereinten Nationen auch in Krisenzeiten nicht zu einem Werkzeug einzelner Regierungen werden müssen.

Stephan Mögle-Stadel
DAG HAMMARSKJÖLD
Vision einer Menschheitsethik
AmThor

Stephan Mögle-Stadel

Stephan Mögle-Stadel

Dag Hammarskjölds Vermächtnis
Ich und Du
Mensch und Menschheit

ISBN 978-3-934104-17-4

Stephan Mögle-Stadel veröffentlich hier u.a. Briefwechsel des UN-Generalsekretärs mit seinem Freundes- und Beraterkreis, Reden, Hintergrundinformationen sowie aufschlussreiche Farb- und s/w-Fotografien.

Marcus Schneider

Gegensätze ausleben - die Mitte finden

Der Kampf um das Gleichgewicht

ISBN 978-3-934104-27-3

Das tägliche Leben ist oft eine Zerreißprobe zwischen Ich und Du, innen und außen, Mensch und Welt: Extreme Polaritäten, zwischen denen wir uns finden müssen.

Thomas Hardtmuth

Denkfehler

Das Dilemma der Hirnforschung

ISBN 978–3–934104–25-9

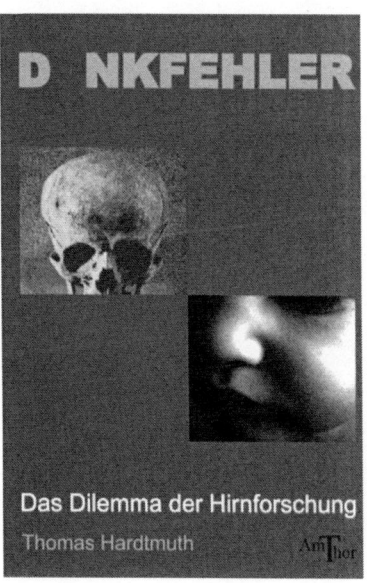

»Um es klar vorweg zu sagen , es soll hier nicht Sinn und Unsinn der Hirnforschung an sich hinterfragt werde, sondern worauf sich der kritische Blick richten muss, ist die Deutung und Interpretation der hirnphysiologischen Tatsachen« (aus der Einleitung)